Felix Stehr

Der Internationale Währungsfonds während der griechischen Staatsschuldenkrise

Eine kritische Einschätzung der Maßnahmen

Bibliografische Information der Deutschen Nationalbibliothek:

Die Deutsche Nationalbibliothek verzeichnet diese Publikation in der Deutschen Nationalbibliografie; detaillierte bibliografische Daten sind im Internet über http://dnb.d-nb.de abrufbar.

Impressum:

Copyright © Studylab

Ein Imprint der Open Publishing GmbH

Druck und Bindung: Books on Demand GmbH, Norderstedt, Germany

Coverbild: Open Publishing GmbH | Freepik.com | Flaticon.com | ei8htz

Inhaltsverzeichnis

Zusammenfassung

Der Zusammenbruch des weltweiten Systems fester Wechselkurse, des Bretton-Woods-Systems, raubte dem IWF seine Kernaufgabe und es schien, als sei dem IWF seine Existenzgrundlage entzogen worden. Ursprünglich dazu gedacht, kurzfristige Ausgleichskredite zu vergeben, gewährt der Währungsfonds seit der Finanzmarktkrise 2007 auch längerfristige Unterstützungen mit zunehmend schärferen Bedingungen und Eingriffen in Europa.

Besonders Griechenland ist seit der Verkündung der androhenden Staatsinsolvenz im Zuge der Griechenlandkrise in den Fokus der Troika, bestehend aus IWF, EZB und EU-Kommission, gerückt. Mittlerweile ist das dritte Rettungspaket angelaufen und eine Rettung Griechenlands ist noch nicht in Sicht. Die vorliegende Bachelorarbeit gibt eine kritische Einschätzung zu den Reform- und Sparmaßnahmen der Troika im Verlauf der Griechenlandkrise und verschafft abschließend einen Ausblick über die Zukunft des Landes.

Abkürzungsverzeichnis

Abb.	Abbildung
BB+	zu Deutsch: „Ramschanleihe" (Junk Bonds; Anleihe mit schlechter Bonität)
BIP	Bruttoinlandsprodukt
BoE	Bank of England
BoG	Bank of Greece
BoJ	Bank of Japan
bzw.	beziehungsweise
ca.	circa
CAC	Klausel in Anleihebedingungen / Collective Action Clauses
CPI	Korruptionswahrnehmungsindex / Corruption Perceptions Index
EFSF	Europäische Finanzstabilisierungsfazilität
EFSM	Europäischer Finanzstabilisierungsmechanismus
EU	Europäische Union
ESAF	Erweiterte Strukturanpassungsfazilitäten
ESF	Fazilität für exogene Schocks / Exogenous Shocks Facility
ESM	Europäische Stabilitätsmechanismus / European Stability Mechanism
EWU	Europäische Währungsunion
EZB	Europäische Zentralbank
FED	Federal Reserve (US-Amerikanische Zentralbank)
GGB / nGGB	Griechische Staatsanleihen / neue griechische Staatsanleihen
GLF	bilaterale Kredite an Griechenland / Greek Loan Facility
IWF / IMF	Internationaler Währungsfonds / International Monetary Fund
Mio.	Millionen
Mrd.	Milliarden

NZB	Nationale Zentralbank
OECD	Organisation für wirtschaftliche Zusammenarbeit und Entwicklung
PRGF	Armutsbekämpfung- und Wachstumsfazilität / Poverty Reduction and Growth Facility
QE	Quantitative Lockerung / Quantitative Easing
SAF	Strukturanpassungsfazilitäten
SAP	Strukturanpassungsprogramme / Structural Adjustment Programme
SMP	Anleihenankaufprogramm der EZB / Securities Markets Programme
SZR/SDR	Sonderziehungsrechte / Special Drawing Rights
Troika	Kooperation von EZB, IWF und EU-Kommission

Abbildungsverzeichnis

Tabellenverzeichnis

1 Einleitung

1.1 Problemstellung

In der Vergangenheit kam es in vielen Ländern, wie beispielsweise in Mexico (1982), Brasilien (1987) und Russland (1997) zu nationalen Finanz- und Staatsschuldenkrisen. Mit der Asienkrise (1997) wirkten sich diese erstmals auf eine gesamte Region aus und waren ab 2007 mit der globalen Banken- und Finanzkrise auch in Europa anzutreffen. Was in den USA als Immobilienmarktkrise begann, weitete sich innerhalb kürzester Zeit zu einer globalen Krise aus, die bis heute noch nicht überwunden ist und sich in vielen Ländern als Staatsschuldenkrise verfestigt hat. In der Eurozone führte dies gar zu der Diskussion, ob die Währungsunion auseinanderbrechen könnte. Vor allem Griechenland wurde in Teilen der öffentlichen Diskussion der Austritt aus der Eurozone nahegelegt.[1]

„Arbeitslosigkeit in Griechenland - Hunderttausende Familien ohne Stütze", „Griechischer Geldschwund - Strand voll, Kasse leer?", „Griechenlandverhandlungen– Keine Angst vorm Grexit".[2] Nicht nur in Deutschland, sondern weltweit werden seit 2010 unter den zuvor aufgeführten Schlagzeilen diese öffentlichen Diskussionen geführt. Die US-Immobilienmarkt- und die Griechenland-Krise sind immer noch die am meist diskutierten wirtschaftspolitischen Themen. Egal ob in der Politik, in Schulen oder in Universitäten, die europäische Staatsschuldenkrise und die damit verbundene Griechenland-Tragödie ist heute noch, wie vor sieben Jahren allgegenwärtig. Wie in jeder Krise gibt es auch im Falle Griechenlands verschiedene Akteure, die die Krise durch ihre Entscheidungen und Maßnahmen beeinflussen und somit beenden wollen. In diesem Fall ist die Rede von der Troika, bestehend aus der Europäischen Zentralbank, der Europäischen Kommission und dem Internationalen Währungsfond. Die Rolle des IWF war dabei nicht immer eindeutig definiert. Die Hauptaufgabe des IWF bestand und besteht darin, Währungskrisen einzelner Länder rechtzeitig einzudämmen, um der Gefahr einer Ausdehnung der Krise auf das Weltwirtschaftssystem vorzubeugen.[3]

---

[1]   vgl. Helleiner, E. (1994): S.169ff.

[2]   vgl. Spiegel Online (2017c).

[3]   vgl. Sandner, P., Sommer, M. (1987): S.59.

Seit 2010 stellt die Troika Griechenland finanzielle Mittel zur Verfügung, um eine mögliche Staatsinsolvenz zu verhindern. Im Gegenzug muss sich die griechische Bevölkerung Strukturanpassungsprogrammen und Sparreformen der Troika unterziehen. Durch die Umsetzung dieser Reformen sollen die griechischen Staatsschulden auf ein nachhaltig tragfähiges Niveau sinken.[4] Mittlerweile sind sieben Jahre seit der Verkündung der androhenden Staatsinsolvenz vergangen und es wurden zahlreiche Maßnahmen getroffen und von der griechischen Regierung umgesetzt.

1.2 Zielsetzung

Ziel dieser Arbeit ist es, einen detaillierten Überblick über die gesamte Geschichte und den Aufbau des IWF zu geben und die Rolle der Troika während der Griechenlandkrise zu verstehen. Der Leser dieser Arbeit soll durch die chronologische Darstellungsweise und Erklärungen aus betriebs- und volkswirtschaftlicher Sicht einen guten Einblick in die durchaus unübersichtlichen Geschehnisse der letzten Jahre innerhalb der Eurozone bekommen. Am Ende dieser Arbeit sollte der Leser in der Lage sein, auch ohne große wirtschaftliche Vorkenntnisse, die Rolle der Troika, insbesondere die des IWF, während der griechischen Staatsschuldenkrise zu bewerten und einzuordnen.

1.3 Methodische Vorgehensweise

In der vorliegenden Bachelorarbeit wird zunächst der geschichtliche Hintergrund des Internationalen Währungsfonds, sowie dessen Struktur und Organe erklärt. Anschließend wird auf die Bedeutung der Stimmrechtverteilung innerhalb des IWF eingegangen und die verschiedenen Finanzpolitiken erläutert. Das darauffolgende Kapitel wird sich detailliert mit den Ursachen und den Auswirkungen der griechischen Staatsschuldenkrise innerhalb der Europäischen Währungsunion beschäftigen, wobei die Ursachen in interne und externe Ursachen unterteilt werden. Im vierten Kapitel werden die bisher durchgeführten Rettungsmaßnahmen der Troika und später der Quadriga chronologisch auf- und ausgeführt. Hier wird speziell auf die jeweiligen Beteiligungen der einzelnen Institutionen an den Hilfsprogrammen eingegangen und zum Schluss die aktuelle Situation der griechischen Staatsschuldenkrise aufgezeigt.

---

[4] vgl. Sandner, P., Sommer, M. (1987): S.42.

Abschließend kommt es zu einer kritischen Einschätzung der getätigten Hilfsmaßnahmen und der Reformen für Griechenland, welche im Fazit nochmals untermau-
ert wird.

2 Der internationale Währungsfonds

2.1 Geschichtlicher Hintergrund des IWF

Im Jahre 1944 wurde in Bretton Woods (USA, New Hampshire) unter Führung der USA mit der Einführung des IWF eine der Welthandelsordnung entsprechende Weltfinanzordnung geschaffen. Die USA waren zusammen mit Großbritannien die führenden Mächte des Aushandlungsprozesses, an dem 44 Nationen teilnahmen. Die vereinbarten Normen und Regelungen sollten die liberalen Handelsbeziehungen stützen, aber gleichzeitig Handlungsspielräume für eine erfolgreiche ökonomische Steuerung und ein stabiles Sicherungssystem gewähren.[5]

Das Bretton-Woods-Abkommen verpflichtete die Staaten, die freie Konvertibilität ihrer Währungen zu garantieren und ihre Währung in einem gegenüber dem, durch die Golddeckung gebundenen US-Dollar, weitgehend festen Wechselkursverhältnis zu halten. Die Aufgabe des IWF lag darin, die Aufrechterhaltung dieser Währungsordnung zu überwachen. Außerdem diente der IWF als Währungspuffer, indem er vorübergehende Zahlungsdefizite einzelner Staaten mit kurzfristigen Überbrückungskrediten unterstützte. Diese Währungspuffer gaben den Staaten, trotz des Systems fester Wechselkurse, Möglichkeiten für eine freie Ausgestaltung ihrer nationalen Wirtschaftspolitik.[6]

Die starke Ausweitung des internationalen Handels sorgte für ein dauerhaftes US-Zahlungsbilanzdefizit. Die Glaubwürdigkeit an die Golddeckung des US-Dollar sank und wurde somit 1971 unter US-Präsident Nixon abgeschafft. Gleichzeitig verabschiedete sich auch das System fester Wechselkurse. Der IWF wurde 1978 neu reformiert und mit der Überwachung der Wechselkurspolitik aller Mitgliedsstaaten beauftragt. Die neue Aufgabe bestand darin, die Wechselkurse so konstant wie möglich zu halten.[7]

Seit den 1980er Jahren fungiert der IWF außerdem als Krisenmanager bei der Bewältigung internationaler Finanzkrisen. Bei einer vorliegenden Zahlungsunfähigkeit eines Landes, in den 1980er und 1990er Jahren waren es meist Entwicklungsländer, half der IWF mit zusätzlichen Krediten. Damit sollte verhindert werden, dass durch den Zahlungsausfall dieser Länder das weltweite Finanzsystem

---

5 vgl. Helleiner, E. (1994): S.25ff. & Gilpin, R. (2000): S.57ff.
6 vgl. Helleiner, E. (1994): S.25ff.
7 vgl. Volz, U. (2012): S.145ff.

zusammenbricht, da die Banken der Industriestaaten Kredite an diese Länder vergeben hatten. Die Kreditvergabe des IWF wurde allerdings an sogenannte Strukturanpassungsprogramme geknüpft. Diese sollten für eine zukünftige Rückzahlung des gewährten Kredites sorgen und waren gekennzeichnet durch die Privatisierung von öffentlichen Gütern, Pensionskürzungen, sowie einer Liberalisierung und Deregulierung der Finanz- und Kapitalmärkte in den betroffenen Ländern.[8]

In den späten 1990er und frühen 2000er Jahren wandten sich immer mehr verschuldete Staaten den privaten Kapitalmärkten zu, was die Bedeutung des IWF und insbesondere die Strukturanpassungsprogramme (SAP) zunehmend in Frage stellte. Erst durch die Weltfinanzmarktkrise im Jahre 2007 gewann der IWF als Kreditgeber letzter Instanz (Lender of last Resort) wieder an Aufsehen, da er ab 2010 auch innerhalb von Europa Kredite an die PIIGS-Staaten, wie Griechenland, Spanien, Italien und Portugal vergab.[9]

2.2 Struktureller Aufbau und Organe des IWF

Die zwei wichtigsten Organe des IWF bilden der Gouverneursrat (Board of Governors) und das Exekutivdirektorium (Executive Board). Der Gouverneursrat bildet hierbei das höchste Organ und setzt sich aus jeweils einem Vertreter beziehungsweise Gouverneur eines jeden der 189 Mitgliedsstaaten zusammen. Die Gouverneure sind in der Regel der zuständige Finanzminister oder der jeweilige Notenbankpräsident. Anlässlich der Jahresversammlung von IWF und Weltbank treffen sich die Vertreter der Mitgliedsstaaten einmal im Jahr. Dort wird über wichtige Entscheidungen, wie beispielsweise die Aufnahme von neuen Mitgliedern diskutiert und entschieden. Außerdem delegiert der Gouverneursrat anfallende Aufgaben und Geschäfte an das Exekutivdirektorium.[10] Das Exekutivdirektorium besteht wiederum aus 24 Direktoren, welche den geschäftsführenden Direktor jeweils für 5 Jahre wählen. Der geschäftsführende Direktor ist gleichzeitig auch der oberste Vorgesetzte für den internationalen Mitarbeiterstab, der aktuell circa 2700 Mitarbeiter aus 148 Ländern umfasst.[11] Während die USA, Japan, China, Deutschland, Frankreich und Großbritannien durch einen eigenen Exekutivdirektor vertreten sind,

---

8   vgl. Helleiner, E. (1994): S.175ff.

9   vgl. Kruck, A., Rittberger, V., Zangl, B. (2013): S.191.

10   vgl. Weisbecker, J. (1992): S.4f.

11   vgl. Internationaler Währungsfonds (2016c).

werden die anderen Mitglieder in sogenannte Stimmrechtsgruppen mit bis zu 22 Ländern zusammengefasst. Jede Stimmrechtsgruppe wird von einem Direktor vertreten.[12]

2.3 Die Stimmrechtverteilung und die Rolle der Sonderziehungsrechte (SZR) innerhalb des IWF

Die Stimmrechtverteilung richtet sich nach dem finanziellen Anteil jedes Mitgliedslandes im IWF. Jedes Mitglied bekommt Basisstimmen und zusätzlich eine Stimme pro 100.000 Einheiten an Sonderziehungsrechten seiner Quote. Die Mitgliedstaaten mit den größten Stimmanteilen sind: USA (16,53 %), Japan (6,1 %), China (6,06 %), Deutschland (5,33 %), Frankreich (4,04 %), Vereinigtes Königreich (4,04 %) und Italien (3,03 %). Seit der Gründung des IWF besitzen die USA den größten Stimmrechtanteil und mit über 16 Prozent auch ein Vetorecht, da wichtige Entscheidungen nur mit einem Zustimmungsquorum von 85 Prozent durchgesetzt werden können.[13] Neben der Stimmrechtverteilung entscheiden insbesondere die bereits erwähnten Quoten über die Einzahlungsverpflichtungen jedes Mitgliedstaates und die Höhe der in Anspruch zunehmenden Kredite. Die Quote ergibt sich aus einer Formel, die sich als gewichteter Durchschnitt aus dem Anteil des Bruttoinlandsprodukts des Mitgliedstaates an der gesamten Weltwirtschaft (50%), dem Offenheitsgrad (30%), der ökonomischen Variabilität (15%) und dem Anteil an den internationalen Reserven (5%) berechnet. Bei Eintritt in den Fonds muss das Land bis zu 25 % der Einlagen (Reservetranche) entweder in SZR oder in allgemein akzeptierten Währungen des IWF (US-Dollar, Euro, Yen, Renminbi oder Pfund Sterling) bezahlen. Der Rest der Einlagen wird anschließend in der Währung des jeweiligen Landes getätigt.[14]

Die Sonderziehungsrechte (SZR) sind ein internationaler Reservewert, den der IWF 1969 geschaffen hat, um die offiziellen Reserven seiner Mitgliedsländer zu ergänzen. Die SZR gelten als potenzieller Anspruch auf die frei nutzbaren Währungen der IWF-Mitgliedsstaaten. Außerdem dienen die SZR als Rechnungseinheit des IWF und anderer internationaler Organisationen. Der Wert der SZR wurde ursprünglich

---

[12]   vgl. Gramlich, L., Krumnow, J. (2000): S.730.

[13]   vgl. Volz, U. (2012): S.150ff. & Internationaler Währungsfonds (2017a).

[14]   vgl. Internationaler Währungsfonds (2016d).

als äquivalent zu 0,888671 Gramm feinem Gold definiert, was damals ebenfalls einem US-Dollar gleichwertig war.[15]

Nach dem Zusammenbruch des Bretton-Woods-Systems im Jahr 1973 wurden die SZR als Währungskorb neu definiert. Ab dem 1. Oktober 2016 besteht der SZR-Korb aus dem US-Dollar, dem Euro, dem chinesischen Renminbi, dem japanischen Yen und dem britischen Pfund. Der Wert der SZR in Bezug auf den US-Dollar wird täglich ermittelt und auf der Internetseite des IWF veröffentlicht. Er wird berechnet als die Summe der spezifischen Beträge der einzelnen Korbwährungen, die in US-Dollar geschätzt werden, und zwar auf der Grundlage der am Mittag auf dem Londoner Markt verzeichneten Wechselkurse. Somit verhält sich der Wert von einem SZR schwankend, wie eine Aktie am Kapitalmarkt. Mitglieder mit SZR können diese Währungen auf zwei verschiedene Arten erhalten. Sie können entweder eine Vereinbarung über einen freiwilligen Tausch mit einem jeweiligen Land treffen. Oder aber ein Land mit starken externen Positionen erwirbt durch Tausch SZR von Ländern mit schwachen externen Positionen. Im März 2016 wurden 204,1 Mrd. SZR (entsprechend etwa 285 Mrd. US-Dollar) generiert und den Mitgliedern zugewiesen.[16]

2.4 Die verschiedenen Finanzpolitiken des IWF

Mitgliedsländer mit Zahlungsbilanzschwierigkeiten können unverzüglich Kredite (auch Ziehungen genannt) in Höhe ihrer Reserveposition in Anspruch nehmen. Die Reserveposition setzt sich zusammen aus der Reservetranche, die 25 Prozent der hinterlegten Quote entspricht und dem Umfang der Kreditgewährung an den IWF. Die Reservetranchen-Position spiegelt die Reserveaktiva wider, welche dem IWF überwiesen worden sind.[17] Sie wird daran gemessen, wie sehr seine Quote die IWF-Bestände an seiner Währung übersteigt. Eine solche Ziehung bedeutet keine Inanspruchnahme von IWF-Krediten, da die Reserveposition eines Landes als Teil der Devisen des Mitglieds angesehen wird und somit keiner Rückzahlungspflicht unterliegt.[18] Jedoch muss ein Mitgliedsland, das die ihm zugeteilten SZR nutzt um Zahlungsbilanzschwierigkeiten abzubezahlen, darauf den SZR-Zinssatz zahlen.

---

[15] vgl. L. Coats Jr., Warren (1990): S.975ff.

[16] vgl. Internationaler Währungsfonds (2016b).

[17] vgl. Dreher, A. (2003): S.11.

[18] vgl. Internationaler Währungsfonds (2000).

Andersherum bekommt ein Mitgliedsland, welches SZR über seine Zuteilung hinaus erwirbt, Zinsen in Höhe des SZR-Zinssatzes. Der wöchentliche SZR-Zinssatz wird auf Basis eines gewichteten Mittels von Zinssätzen kurzfristiger Schuldtitel festgesetzt, die auf den Märkten, der im SZR-Bewertungskorb enthalten Währungen gehandelt werden. Ausgedrückt wird der Zinssatz entsprechend als jährliche Anleihenrendite.[19]

Eine Vergabe von weiteren Krediten ist an Bedingungen des IWF geknüpft. Um die Freigabe der Kredite von einer Umsetzung der Kreditbedingungen abhängig zu machen, zahlt sie der IWF in Tranchen aus.[20] Es besteht die Möglichkeit für jedes Mitgliedsland bis zu vier weitere Kredittranchen, meist in Form von Bereitschaftskreditabkommen (Stand-By Arrangements), zu erhalten. Diese sind jedoch mit höheren Bearbeitungs- und Bereitstellungsgebühren, Zinsen und Bedingungen verbunden. Zu diesen Bedingungen gehören auch die Strukturanpassungsprogramme (SAP). Die konkreten Auflagen, die an die Vergabe von Krediten geknüpft sind, können von unverbindlichen Empfehlungen bis hin zu harten Reformen reichen. Bei einer nicht erfolgreichen Durchsetzung dieser Sparreformen werden die Kredittranchen eingefroren, bis die Reformen parlamentarisch durchgesetzt wurden.[21] Durch den Wandel der Aufgaben des IWF wurden auch andere Kreditarten notwendig. Anfang der 90er Jahre wurden die Strukturanpassungsfazilitäten (SAF) um die erweiterten SAF (ESAF) ergänzt. Sie sollten die ärmsten Mitglieder des IWF langfristig bei ihren Bemühungen unterstützen, rasches Wirtschaftswachstum und eine nachhaltige Verbesserung ihrer Zahlungsbilanz zu erreichen. Mit der Fazilität für Armutsbekämpfung und Wachstum (Poverty Reduction and Growth Facility, PRGF) wurden die erweiterten SAF Im Jahr 1999 abgelöst.[22]

Zurzeit haben 80 einkommensschwache Länder Anspruch auf die PRGF. Die Darlehen werden im Rahmen von dreijährigen Vereinbarungen vorbehaltlich der Einhaltung von Erfüllungskriterien und der Durchführung von Programmüberprüfungen vergeben. Die Darlehen haben einen jährlichen Zinssatz von 0,5 Prozent, eine tilgungsfreie Zeit von fünfeinhalb Jahren und eine Laufzeit von zehn Jahren. Somit wurden die fälligen Zinsen für die PRGF-Länder nochmals gesenkt und die

---

[19] vgl. Dreher, A. (2003): S.12.
[20] vgl. Dreher, A. (2003): S.11.
[21] vgl. Sandner, P., Sommer, M. (1987): S.42.
[22] vgl. Internationaler Währungsfonds (2001).

Laufzeiten weiter ausgedehnt.[23] Als ebenfalls sehr langfristige Kreditlinie führte der IWF im Jahr 2006 die Fazilität für exogene Schocks (Exogenous Shocks Facility, ESF) ein. Die ESF-Kredite dienen dazu, einkommensschwache Mitgliedsländer bei exogenen Schocks, wie Naturkatastrophen, Öl- oder Nahrungsmittelpreisschocks unterstützen zu können, obwohl sie keine PRGF-Vereinbarung mit dem IWF haben. Diese Notfallkredite unterliegen den gleichen Rückzahlungsmodalitäten wie jene der PRGF-Fazilität.[24]

Der IWF vergibt seit 2007 auch langfristige Kredite innerhalb Europas, besonders Griechenland erhält viele Gelder des Währungsfonds. Im anschließenden Kapitel wird die griechische Staatsschuldenkrise detailliert beleuchtet und externe und interne Ursachen für die Krise werden aufgezeigt.

---

[23] vgl. Internationaler Währungsfonds (2001).
[24] vgl. Internationaler Währungsfonds Jahresbericht (2006).

3 Die griechische Staatsschuldenkrise

Seit 1981 ist Griechenland Teil der Europäischen Union (EU) und seit 2001 auch Teil der Europäischen Währungsunion (EWU). Die Probleme Griechenlands und das Ausmaß der Verschuldung kamen erst durch den Regierungswechsel 2009 ans Tageslicht. Dabei fand die neue griechische Regierung (PASOK) ein Haushaltsdefizit von 12,7 Prozent des BIP vor, weit mehr, als die vorherige Regierung eingeräumt hatte.[25] Dieses Defizit für 2009 wurde nachträglich auf 13,6 Prozent und letztendlich von Eurostat sogar auf 15,4 Prozent korrigiert.[26]

Die Staatsverschuldung von Griechenland hat sich seit der Finanzmarktkrise stark erhöht und betrug 2015 rund 314 Mrd. Euro.[27] Die Staatsverschuldungsquote stieg im gleichen Zeitraum von 109 Prozent des Bruttoinlandsprodukts auf 178 Prozent. Griechenland ist damit der in der EU am höchsten verschuldete Staat.[28] Die Abbildung eins macht nochmal die wachsende Verschuldung deutlich. Zwar konnten die Griechen seit 2013 die Zunahme der Staatsverschuldung bremsen und die Schulden konstant halten, gleichzeitig wurde ging jedoch die Wirtschaft zurück und das BIP sank.[29]

---

[25] vgl. Euronews (2010).
[26] vgl. Frankfurter Allgemeine Zeitung (2010).
[27] vgl. Internationaler Währungsfonds (2016e).
[28] vgl. Internationaler Währungsfonds (2016f).
[29] vgl. Internationaler Währungsfonds (2016e).

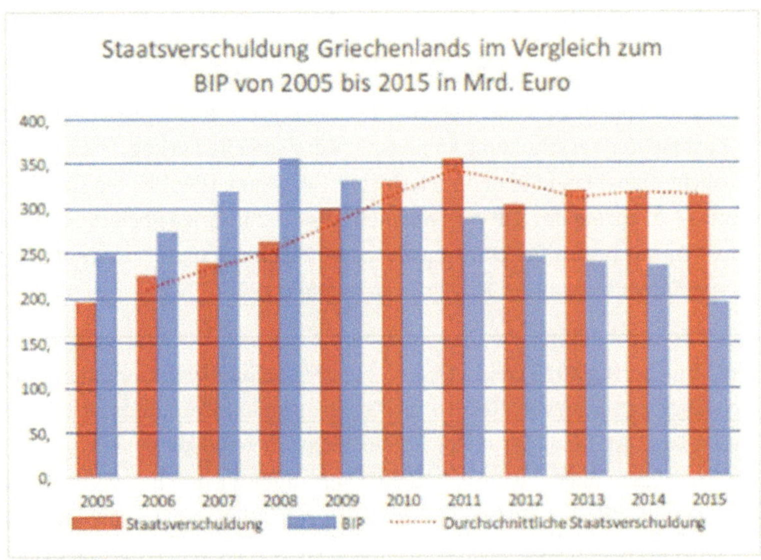

Abbildung 1: Staatsverschuldung Griechenlands im Vergleich zum BIP von 2005 bis 2015; Quelle: eigene Darstellung (Daten: IWF)[30]

Es gibt verschiedene Gründe und Ursachen für die Staatsschuldenkrise in Griechenland. Daher werden sie im nächsten Abschnitt in interne und externe Ursachen aufgeteilt und erklärt. Unter internen Gründen für die Krise werden solche verstanden, die Griechenland direkt selbst über politische oder wirtschaftliche Maßnahmen beeinflussen konnte. Die externen Gründe hingegen konnte Griechenland nicht direkt oder gar nicht beeinflussen. Dennoch trugen sie zu der heutigen Krisensituation bei.

3.1 Interne Ursachen für die Krise

3.1.1 Konsumtive Verwendung von Krediten

In Griechenland wurde über Jahre hinweg sowohl im öffentlichen als auch im privaten Sektor eine Defizitkultur betrieben. Das bedeutet, es wurden Kredite zum Zwecke des Konsums aufgenommen, wodurch ein konjktureller Aufschwung zustande gekommen ist. Dieser Aufschwung wurde jedoch nur durch die immer

---

[30] vgl. Internationaler Währungsfonds (2016e) & Internationaler Währungsfonds (2017f).

weitere Verschuldung des Staates ermöglicht und stellt somit ein Kernproblem Griechenlands seit der Euroeinführung dar.[31] Die Verschwendungskultur des öffentlichen Sektors lässt sich an der um 50 Prozent gestiegenen Staatsverschuldung im Zeitraum von 2001, dem Jahr vor der Euro- Einführung, bis zum Jahr 2006 erkennen. Die Investitionsausgaben sind währenddessen in vier von fünf Jahren zurückgegangen. Die aufgenommenen Mittel wurden unter anderem für enorme Lohnsteigerungen genutzt. Betrugen die Lohnsteigerungen im Jahre 2001 im öffentlichen Sektor noch 4,7 Prozent, stiegen sie im ersten Jahr des Euros um 15,1 Prozent an.[32]

Aber nicht nur der öffentliche Sektor hat über die eigenen Verhältnisse gelebt, sondern auch die Privathaushalte haben die besseren Bedingungen durch die Euro-Einführung für übermäßigen Konsum benutzt. Im privaten Sektor setzte eine steigende Anzahl an Konsumentenkrediten eine Spirale in Gang. Das Geld aus den Krediten floss in eine steigende Nachfrage, diese wiederum sorgte für steigende Löhne und die gestiegenen Löhne schließlich zu einer verschlechterten internationalen Wettbewerbsfähigkeit des Landes.[33] Die verschlechterte Wettbewerbsfähigkeit ließ parallel zu den Lohnerhöhungen die Exporte sinken und erhöhte die Importe. Dies führte im Jahr 2010, bezogen auf das BIP, zum größten Leistungsbilanzdefizit im gesamten Euro-Raum von 145 Prozent.[34] Mit zunehmender Wahrscheinlichkeit der Einführung des Euro stiegen die Konsumentenkredite im Verhältnis zum BIP immer weiter an. Betrugen die Konsumentenkredite 1990 noch 0,5 Prozent vom BIP, waren es ein Jahr vor der Euro- Einführung schon 4,1 Prozent und 2010 schließlich 15,2 Prozent vom BIP.[35]

Die Bank of Greece (BoG) nennt drei Gründe für diese Entwicklung im Zusammenhang mit der Euro-Einführung. Die Liberalisierung des Bankensektors in Griechenland aufgrund der Konvergenzschaffung innerhalb der zukünftigen Währungsunion gilt demnach als erster Grund. Außerdem trugen die fallenden Zinsen aufgrund des Konvergenzprozesses im Rahmen des Euro-Beitritts zur erhöhten Kreditnachfrage bei. Die mit der Euro-Einführung einhergehende Erwartung des

---

[31]   vgl. Konicz, T. (2010).

[32]   vgl. Appenzeller, G. (2011).

[33]   vgl. Brissimis et al. (2012): S.9ff.

[34]   vgl. Sachverständigenrat (2010): S.72 & Internationaler Währungsfonds (2016f).

[35]   vgl. Brissimis et al. (2012): S.9f.

Volkes von zukünftig höheren Einkommen gilt laut BoG als dritter und letzter Grund. Gleichzeitig begründet die Erwartung zukünftig höherer Einkommen die zurückgehenden Sparquoten der privaten Haushalte von 24,6 Prozent des BIP in den Jahren 1992 bis 1996 auf 12 Prozent des BIP in den Jahren 2002 bis 2010.[36]

3.1.2 Strukturelle Probleme im öffentlichen Sektor

Der Staat stellte mit zunehmend steigendem BIP auch immer mehr Staatsbedienstete ein. Eine erstmals durchgeführte Zählung der verbeamteten Bediensteten ergab, dass Griechenland mit 11,4 Mio. Einwohnern 768.000 Beamte beschäftigte.[37] Hinzu kamen noch genauso viele Staatsbedienstete mit Zeitverträgen. Ein Viertel der Bevölkerung lebte von einem Einkommen, das ein Familienmitglied im öffentlichen Dienst erwirtschaftete.[38] Dabei spielt auch eine Rolle, dass viele Griechen im öffentlichen Dienst die Lösung für das Problem fehlender Arbeitsplätze sahen. Viele Beamte und Parteien haben über Jahre hinweg Vetternwirtschaft betrieben und Freunde und Familienmitglieder eingestellt.[39] Zu der ohnehin schon hohen Anzahl an Beamten kamen Bonus- und Zusatzzahlungen wie zum Beispiel Oster-, Urlaubs- und Weihnachtsgeld hinzu, die die Kosten weiter in die Höhe trieben.[40] Die nicht vorhandenen Kontrollen im Verwaltungssystem haben zudem einen leichtfertigen Betrug des Sozialsystems ermöglicht. Im Jahre 2012 sollen sich 50.000 Griechen die Pensionen bereits verstorbener Angehöriger erschlichen haben. Einige Rentenbezieher hätten zu dem Zeitpunkt bereits 110 Jahre oder älter sein müssen. Stattdessen strichen jedoch die Hinterbliebenen das Geld ein.[41]

3.1.3 Mangelnde internationale Wettbewerbsfähigkeit

Als Gradmesser für die Wettbewerbsfähigkeit eines Landes nimmt man die Lohnstückkosten, welche maximal im selben Maße wie das Inflationsziel steigen dürfen. Im Euro-Raum liegt das Inflationsziel bei zwei Prozent. In Griechenland sind die Lohnstückkosten jedoch über Jahre hinweg deutlich stärker als das Inflationsziel

---

[36] vgl. Brissimis et al. (2012): S.14.

[37] vgl. Die Welt (2010).

[38] vgl. Wehr, A. (2010): S.67.

[39] vgl. Landeszentrale für politische Bildung (2012).

[40] vgl. Frankfurter Allgemeine Zeitung (2010).

[41] vgl. Die Welt (2013).

und die eigene Produktivität gestiegen.[42] Um beispielsweise auf das Niveau der deutschen Lohnstückkosten zu kommen, hätten die Griechen 2010 die Löhne um 25 Prozent senken müssen.[43] Der Rückgang der Wettbewerbsfähigkeit des Landes wurde auch in dem sogenannten Global Competitive Report des World Economic Forum dokumentiert.[44] Dort belegt Griechenland mit dem Gesamtplatz 96 den schlechtesten Platz der gesamten Europäischen Union. Als Hauptmerkmale für die schlechte Platzierung werden unter anderem die ineffiziente Bürokratie, Korruption und restriktive Arbeitsmarktvorschriften genannt.[45]

3.1.4 Korruption und Steuerhinterziehung

Die im vorherigen Absatz erwähnte Korruption schadet dem Staat, indem Regelungen umgangen werden, oder Steuern hinterzogen werden, die der Staat zur Sanierung seines Haushaltes benötigt.[46] Die Anti-Korruptionsorganisation Transparency International ev. bringt jedes Jahr einen Korruptionswahrnehmungsindex (CPI) raus. Dieser listet Länder nach dem Grad, der im öffentlichen Sektor wahrgenommenen Korruption auf und ist der weltweit bekannteste Korruptions-indikator. Die Werte bewegen sich auf einer Skala von 0 bis 100, wobei 0 als sehr korrupt wahrgenommen wird und 100 als wenig korrupt. Griechenland liegt bei diesem Ranking aus dem Jahr 2012 auf Rang 94 von 174 mit einem CPI von 36. Im Vergleich dazu hat Deutschland einen CPI von 79. Griechenland ist somit das im öffentlichen Sektor am korruptesten wahrgenommene Land in der EU.[47] Der aktuellste Bericht von Transparency International für das Jahr 2015 zeigt auf, das Griechenland auf Rang 58 vorgerückt ist und sich der CPI-Wert um 10 Punkte auf 46 verbessert hat. In der Pressemitteilung der Anti-Korruptionsorganisation wird Griechenland zusammen mit Großbritannien und Senegal zu den großen Gewinnern der vergangenen 4 Jahre deklariert.[48]

Der prognostizierte Umfang der Schattenwirtschaft von knapp 22 Prozent am Bruttoinlandsprodukt Griechenlands für das Jahr 2017 des Institutes für angewandte

---

42 vgl. Bofinger, P. (2012): S.65ff.
43 vgl. Landeszentrale für politische Bildung (2012).
44 vgl. Schwab, K. (2012): S.28.
45 vgl. Schwab, K. (2012): S.180.
46 vgl. Transparancy International ev. (2010).
47 vgl. Transparency International ev. (2012).
48 vgl. Transparency International ev. (2016).

Wirtschaftsforschung ev. verdeutlicht die fortwährende Präsenz der kriminellen Geschäfte griechischer Unternehmen. In der Abbildung zwei wird dies nochmal grafisch im Vergleich zu anderen OECD-Ländern aufgezeigt.[49]

Abbildung 2: Prognose zum Umfang der Schattenwirtschaft in ausgewählten OECD-Ländern im Jahr 2017 (in Prozent des BIP); Quelle: eigene Darstellung (Daten: IAW)[50]

Es werden also immer noch circa 25 Prozent des Bruttosozialprodukts von Griechenland nicht deklariert. Überträgt man dies auf die Einkommens- und Umsatzsteuer, entgehen dem Staat somit beträchtliche Einnahmen. Verantwortlich für die enorme Korruption ist laut Costas Bakouris, Vorsitzender von Transparency International Griechenland, vermehrt die Steuerhinterziehung, der Zigaretten- und Kraftstoffschmuggel sowie die selbständigen Erwerbstätigen. In Zukunft soll eine ganzheitliche Strategie zur Korruptionsbekämpfung und -prävention vorgestellt werden.[51] Durch Steuerhinterziehung verliert Griechenland jedes Jahr bis zu 20 Mrd. Euro. Sie findet vor allem bei den wirtschaftlich höheren Schichten statt, ist

---

[49] vgl. Institut für angewandte Wirtschaftsforschung ev. (2017).
[50] vgl. Institut für angewandte Wirtschaftsforschung ev. (2017).
[51] vgl. Konrad, K., Zschäpitz, H. (2010): S.51.

aber vertikal bis in die unteren Schichten vertreten. Hinzu kommt noch eine Beitragshinterziehung in Form von nicht gezahlten Beiträgen an die Sozialversicherung seitens der Arbeitgeber und der Arbeitnehmer in Höhe von 8,5 Mrd. Euro. Außerdem werden in Griechenland Gehälter bestimmter Berufsgruppen mit einem niedrigeren Erhebungssatz versteuert oder sogar komplett von der Steuer befreit. Dazu gehören unter anderem Bauern, Ingenieure und Abgeordnete.[52] Von Steuerhinterziehung und Schattenwirtschaft abgesehen, wurden im Jahr 2009 selbst von den offiziell fälligen Steuern nur etwa 56 Prozent eingetrieben. Dadurch entgingen Griechenland 36,8 Mrd. Euro an Steuergeldern.[53]

3.2 Externe Ursachen für die Krise

3.2.1 Die Mitgliedschaft in der EWU

Griechenland hat seinen Bankensektor zum Zwecke der Konvergenzschaffung innerhalb Europas reformiert. Im Zuge dieser Reformierung wurde eine bis 2003 bestehende Obergrenze von 25.000 Euro für Konsumentenkredite bei einem einzelnen Kreditinstitut aufgehoben.[54] Dadurch waren die Banken fortan in der Lage, Konsumentenkredite in beliebiger Höhe an die griechische Bevölkerung auszugeben. Ein weiterer Reformschritt innerhalb des griechischen Bankensystems war diesem im Jahre 2000 noch vorausgegangen. Die Mindestreserve der griechischen Banken wurde mit sofortiger Wirkung von den bis dahin geltenden 12 Prozent auf die in der EU üblichen zwei Prozent gesenkt. Nach Ausbruch der Krise fehlte den Banken anschließend das Liquiditätspuffer von 10 Prozent.[55]

Weitere Reformschritte erleichterten die Kreditaufnahme im Ausland und ermöglichten es den Banken mehr Geldmittel in den Privatsektor zu leiten.[56] Alle diese Schritte führten im Ergebnis zu einer höheren Verschuldung im privaten Sektor und zu einer verschlechterten Risikobilanz der Banken. Beide Faktoren haben sich im Zusammenhang mit der Schuldenkrise als eindeutig negativ für das Land erwiesen. Die Einführung der Gemeinschaftswährung begünstigte ebenfalls den Zugang des Landes zu günstigerem Kapital. Die Konstruktion der Währungsunion in Bezug

---

[52] vgl. Giannítsis, T. (2015), S.208.

[53] vgl. Karkatsoúlis, P. (2015): S.432.

[54] vgl. Brissimis et al. (2012): S.11.

[55] vgl. Brissimis et al. (2012): S.12.

[56] vgl. Brissimis et al. (2012): S.12.

auf eine angemessene Zinspolitik war hierbei entscheidend. Während in Deutschland nur geringe Zuwachsraten des BIPs erreicht wurden, übertrafen die Zuwachsraten Griechenlands diese deutlich. Entsprechend der Wirtschaft entwickelten sich die Löhne und Inflationsraten, wie bereits bei den internen Ursachen unter dem Punkt mangelnde internationale Wettbewerbsfähigkeit erklärt wurde. Die Zinspolitik der EZB entsprach jedoch der schwachen Wirtschaft der Kernländer des Währungsraums. Somit lagen die Zinsen für Griechenland durchgehend unter dem eigentlich benötigten Zinsniveau.[57]

Mit dem Taylor-Zins lässt sich die Abweichung des tatsächlichen Zinssatzes von dem eigentlich benötigten Zinssatz berechnen. Die Formel zur Berechnung des Taylor-Zinses (i_t) lautet wie folgt: $i_t = 2 + \pi_t + 0{,}5(\pi_t - 2) + 0{,}5(y_t - y_{ggt})$, wobei π_t der Inflationsrate und $(y_t - y_{ggt})$ der relativen Abweichung vom BIP (y_t) zum Trendwert des BIPs (y_{ggt}) entspricht. Die Abweichung wird auch als Produktions- bzw. Output-Lücke bezeichnet. Der tatsächliche Zinssatz lag im Jahre 2008 z.B. fünf Prozent unter dem laut Taylor-Zins benötigten Zinssatz für Griechenland.[58]

Die Zinsentwicklung für zehnjährige Staatsanleihen Griechenlands in Abbildung drei verdeutlicht die Entwicklung der Kosten für eine Geldaufnahme des Staates im Zusammenhang mit der Einführung des Euros im Jahre 2002.

---

[57] vgl. Sachverständigenrat (2010): S.77.
[58] vgl. Sachverständigenrat (2010): S.78.

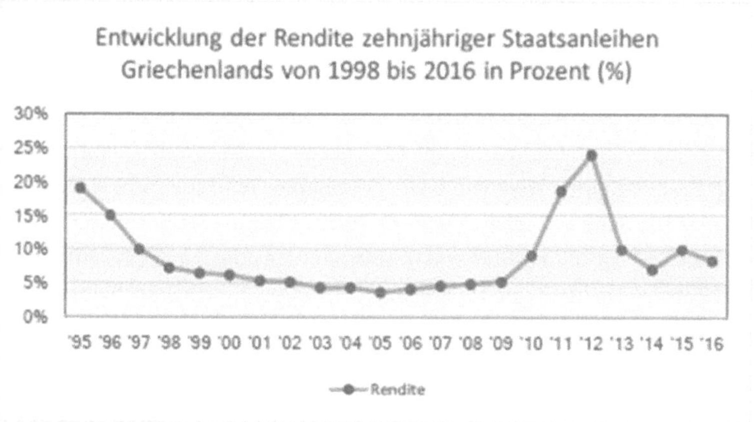

Entwicklung der Rendite zehnjähriger Staatsanleihen
Griechenlands von 1998 bis 2016 in Prozent (%)

Abbildung 3: Entwicklung der Rendite zehnjähriger Staatsanleihen Griechenlands von 1998 bis 2016; Quelle: eigene Darstellung (Daten: Bloomberg)[59]

Mussten Anfang der 90er Jahre noch 20 Prozent Zinsen für zehnjährige Staatsanleihen gezahlt werden, sank die Rendite mit zunehmender Wahrscheinlichkeit der Einführung des Euros immer weiter ab. Ab dem Jahr 2002 bis zum Ausbruch der Krise musste das Land dann durchgehend nur noch unter fünf Prozent Zinsen zahlen. Die Regulierung der Verschuldung Griechenlands durch die Märkte, in Form von hohen Zinsen, fiel somit weg und das Land konnte sich historisch günstig Kapital beschaffen. Mit der Übernahme des Euros gab Griechenland auch die Verfügungsmacht über die eigene Währung auf. Dies führte zu einer faktischen Insolvenzgefahr, da sich der griechische Staat in einer Fremdwährung verschuldete. Länder mit eigenständiger Währung, wie zum Beispiel Japan, Großbritannien oder den USA haben dieses Problem nicht und könnten bei Liquiditätsengpässen das zur Rückzahlung erforderliche Geld durch die Notenbank uneingeschränkt selbst schaffen.[60] Daher gelten die Staatsanleihen dieser Länder trotz hoher Verschuldung beziehungsweise hohem Staatsdefizit als äußerst sicher. Der Prozess, welcher den Rückkauf von Staatsanleihen durch die Schaffung von Liquidität durch die eigene Notenbank beschreibt, wird als Quantitative Lockerung (engl.: Quantitative Easing, QE) definiert.[61]

---

[59] vgl. Bloomberg (2017).
[60] vgl. Sachverständigenrat (2011): S.93f.
[61] vgl. Sachverständigenrat (2011): S.93f. & Bofinger (2012): S.84ff.

Die folgenden Dimensionen der Quantitative-Easing-Programme sollen die Wirkung dieses Mechanismus verdeutlichen. Die Federal Reserve (FED) hat im Rahmen des Quantitative-Easing-Programmes II innerhalb von 12 Monaten US-Staatsanleihen in einem Wert von 860 Mrd. US-Dollar (800 Mrd. Euro) geschaffen. Die Bank of Japan (BoJ) hat im Oktober 2011 bekannt gegeben, ihr Quantitative-Easing-Programm auf einen Wert von über 55 Billionen Yen (über 500 Mrd. Euro) zu erhöhen.[62] Die Bank of England (BoE) hatte 2011 bereits Staatsanleihen im Wert von mehr als 25 Prozent des BIPs von Großbritannien aufgekauft (275 Mrd. Pfund, 320 Mrd. Euro).[63] Dadurch konnte England trotz eines Haushaltsdefizites von 8,1 Prozent im Jahre 2012, Kapital zu einem historisch günstigen Zinssatz von 1,5 Prozent aufnehmen, während Italien mit einem Defizit von 2,6 Prozent beispielweise sechs Prozent Zinsen bezahlen musste.[64]

Die EZB hat inzwischen zwar auch Staatsanleihen verschiedener Krisenländer aufgekauft, die Summe der gesamten Aufkäufe steht jedoch in keinem Verhältnis zu den genannten Programmen Englands, Japans oder den USA. Im nächsten Kapitel wird auf die Rettungsmaßnahmen zur Griechenlandhilfe expliziter eingegangen. Neben der Möglichkeit Staatsanleihen aufzukaufen fehlt einem Land innerhalb einer Währungsunion darüber hinaus das Instrument der Abwertung der eigenen Währung. Vor dem Beitritt zur Währungsunion hätte Griechenland somit die Möglichkeit gehabt die Drachme bei Ausbruch einer Krise durch niedrige Leitzinsen der Bank of Greece abzuwerten. So wären Exporte für das Ausland günstiger geworden und gleichzeitig Importe teurer. Die Förderung der eigenen Exporte würde so die eigene Wettbewerbsfähigkeit erhöhen und das Leistungsbilanzdefizit verringern.[65]

3.2.2 Desolate Risikobewertung und Spekulationen gegen Griechenland und den Euro

Grundsätzlich haben Kapitalmärkte die Macht und auch die Aufgabe die Überschuldung eines Staates in einer Währungsunion zu verhindern. Durch eine individuelle Bewertung und entsprechende Risikoaufschläge für Länder mit hohen Verschuldungs- und Defizitquoten wird die Kreditaufnahme entsprechend dem Risiko

---

[62] vgl. Sachverständigenrat (2011): S.93.

[63] vgl. Bofinger, P. (2012): S.86.

[64] vgl. Bofinger, P. (2012): S.84f.

[65] vgl. Leibiger, J. (2011): S.198f.

immer teurer. Dadurch soll eine gefährlich hohe Kapitalaufnahme verhindert werden. Im Fall Griechenland haben die Märkte das offensichtliche Risiko des Landes anfangs fast gar nicht bewertet. Die Renditedifferenz zwischen langfristigen deutschen und griechischen Staatsanleihen lag im Jahre 2006 zum Beispiel bei nur 0,3 Prozent.[66] Wie schon in der Einleitung des Kapitels erwähnt musste der neu ins Amt getretene Finanzminister Giorgos Papakonstantinou am 20. Oktober 2009 bekannt machen, dass die Staatsverschuldung Griechenlands erheblich höher war als bis zu diesem Zeitpunkt bekannt war.[67] Erst auf diese Nachricht reagierten die Märkte und die ausgegebenen Staatsanleihen, sowie der Euro im Vergleich zum Dollar verloren abrupt an Wert. Der Euro verlor im Vergleich zum Dollar zwischen Oktober 2009 und Juni 2010 insgesamt ein Viertel seines Wertes.[68]

Ratingagenturen stufen die Bonität von Ländern ein, indem sie standardisierte Kennzahlen einsetzen, um die Ausfallswahrscheinlichkeit zu kennzeichnen. Je größer diese Wahrscheinlichkeit ist, desto kreditunwürdiger werden die Staaten und somit die Anleihen bewertet.[69] Die Kreditwürdigkeit Griechenlands wurde erst am 24. April 2010 von der Ratingagentur Standard & Poor's auf Junk Bonds (BB+) abgestuft. Dabei wies das Land wie bereits erwähnt, trotz starkem Wachstum schon seit längerer Zeit eine Staatsschuldenquote von über 100 Prozent des BIP und ein Defizit von jährlich immer über drei Prozent auf.[70] Aufgrund dieser Abstufung wurden für Griechenland die Kredite um ein Vielfaches teurer. Schon ein Zinsanstieg von nur einem Prozent erhöhte den geschuldeten Betrag um fast drei Milliarden Euro pro Jahr. Je höher die Zinsen sind, die ein Staat zu begleichen hat, desto größer wird die Verschuldung bei gleichbleibenden Einnahmen und Ausgaben.[71]

Ein anderer Hinweis auf das sehr geringe Risikobewusstsein des Marktes gibt das bereits genannte Ausmaß der Verschuldung des privaten Sektors. So haben falsche Erwartungen und undifferenzierte Risikobewertungen zu einem hoch spekulativen Verhalten geführt.[72] Einige Investoren und Hedgefonds spekulierten gegen griechische Anleihen und den Euro, um dadurch Gewinne zu erzielen. Andere Investoren

---

[66]   vgl. Bofinger, P. (2012): S.48.
[67]   vgl. Euronews (2010).
[68]   vgl. Sachverständigenrat (2011): S.94f.
[69]   vgl. Zeit Online (2010).
[70]   vgl. Sachverständigenrat (2011): S.94f.
[71]   vgl. Konrad, K., Zschäpitz, H. (2010): S.47f.
[72]   vgl. Sachverständigenrat (2010): S.73.

folgten diesem Trend und lösten somit eine Massendynamik aus, die schwer aufzuhalten war. Jeder Akteur am Finanzmarkt möchte zweifellos den höchstmöglichen Gewinn erzielen. Die daraus resultierende Kettenreaktion verschlechterte die Probleme und setzte Griechenland und dessen Regierung zusätzlich unter Druck.[73]

3.3 Auswirkungen der internen und externen Ursachen der Staatsschuldenkrise auf Griechenland und die EU und die Notwendigkeit der Rettung

Ausgangspunkt der Staatsschuldenkrise Griechenlands war die Verkündung des tatsächlichen Haushaltsdefizites 2009 und dem Eingeständnis, dass Bilanzen in den Jahren zuvor manipuliert wurden. All die zuvor genannten Ursachen, wie Steuerhinterziehung, Korruption, die mangelnde internationale Wettbewerbsfähigkeit und der aufgeblähte öffentliche Sektor mit seiner Vetternwirtschaft trugen über Jahre zu der Verschuldung Griechenlands bei. Außerdem verschlechterte die weltweite Finanzkrise und die damit verbundenen Rückgänge des Wirtschaftswachstums auf der ganzen Welt die wirtschaftspolitische Lage in Griechenland ergänzend. Griechenland musste im Jahre 2009 das erste Mal seit Mitte der 90er Jahre einen Rückgang des BIPs hinnehmen. Mit diesem Ereignis brach das gesamte Gebilde der griechischen Wirtschafts- und Defizitstruktur auseinander. Die Zinslast des ständig hohen Staatsdefizits wurde so zu einer nicht finanzierbaren Schuldenfalle.[74]

Aus der Summe einer nochmals stark ansteigenden Staatsschuldenquote und dem hohen Leistungsbilanzdefizit kam es zu einem Vertrauensverlust der Investoren, einer Herabstufung durch die Ratingagenturen und somit zu einem rasanten Anstieg der Refinanzierungskosten für Griechenland.[75] Eine weitere Tatsache die zu einem Tiefschlag im Krisenverlauf Griechenlands führte war das Erkennen der Investoren, dass griechische Staatsanleihen nicht hundertprozentig sicher waren und es zu einer Beteiligung des Privatsektors kommen könnte. Das traf insbesondere die auf Sicherheit bedachten Versicherungen und Pensionsfonds, die nach den

---

[73] vgl. Fricke, T. (2010): S.6.

[74] vgl. Desli, E., Pelagidis, T. (2012): S.133-136.

[75] vgl. Schuppan, N. (2011): S.260.

Regeln der Banken- und Versicherungsaufsicht Staatsanleihen aller europäischen Länder für das sicherste Aktivum hielten.[76]

Dieses Bewusstsein löste eine Art Finanz-Beben aus und eine Reihe von Finanzunternehmen gerieten in große Schwierigkeiten und hatten plötzlich einen enormen Finanzbedarf. Dieser musste in aller Not mit Hilfe der einzelnen Länder gedeckt werden. Die Krise verschärfte sich weiter und Griechenland musste auf Drängen der Troika tiefgreifenden Sparmaßnahmen als Gegenleistung für Finanzhilfen der EU und des IWF zustimmen. Es wurde von Anfang an deutlich, dass von den Sparreformen restriktive Wirkungen ausgehen würden. Diese restriktiven Wirkungsgefüge wurden außerdem von den Experten der Troika deutlich unterschätzt. Die Prognosen für das Wirtschaftswachstum mussten bis heute immer wieder nach unten korrigiert werden [77].

Die Darstellung der Auswirkungen der Gründe für die Staatsschuldenkrise Griechenlands verdeutlicht, dass eine Reihe von Missständen und Rückschlägen zu dem enormen Ausmaß der Krise geführt haben. Sowohl Griechenland selbst als auch externe Einflussfaktoren, wie die Fehlkonstruktion der Währungsunion und das Versagen der Märkte, haben das Land in eine historische Schieflage mit verheerenden Folgen für die gesamte Währungsunion und die Welt gebracht. Als Ergebnis konnte das Land sich nicht mehr selbst refinanzieren und es war und ist immer noch notwendig Griechenland zu retten. Die Rettungsmaßnahmen werden im nachfolgenden Kapitel präzise im Hinblick auf die Hilfe des IWF, der EU-Kommission, der EZB und später auch des ESM verdeutlicht.

---

[76] vgl. Bofinger, P. (2012): S.88.
[77] vgl. Bofinger, P. (2012): S.97.

4 Rettungsmaßnahmen des IWF in Zusammenarbeit mit der EU-Kommission, der EZB und dem ESM

4.1 Ziele der Rettungsmaßnahmen

Die Ziele der Rettungsmaßnahmen lassen sich zunächst in kurzfristige und langfristige Ziele aufteilen. Zu den kurzfristigen Zielen der bislang durchgeführten Hilfsmaßnahmen gehören die Gewährleistung der Refinanzierung Griechenlands und die Aufrechterhaltung der Tragfähigkeit der Schulden des Landes. Das langfristige Ziel der Rettungsmaßnahmen ist die Rückführung des Landes an den Kapitalmarkt, um wieder eine eigenständige Refinanzierung zu ermöglichen. Die Maßnahmen beinhalten verschiedene Einzelschritte, wie die Verbesserung der Einnahmenbasis sowie die Reduzierung der Ausgabenbasis. Zudem sollen Strukturreformen zu einer effizienteren Gestaltung von Wirtschaft und Verwaltung und einer Zurückgewinnung der Wettbewerbsfähigkeit führen.[78]

4.2 Die Rettungspakete I und II für Griechenland

4.2.1 Das erste Rettungspaket (2010 – 2013)

Im April 2010 bat Griechenland aufgrund der drohenden Insolvenz das erste Mal um ein internationales Rettungspaket. Mit den Erklärungen der Staats- und Regierungschefs und der Finanzminister der Eurozone haben sich die Mitgliedstaaten der Eurozone zu abgestimmten bilateralen Krediten, später auch Greek Loan Facility (GLF) genannt, für die Unterstützung Griechenlands bereit erklärt. Diese Hilfen wurden zusammen mit den Mitteln des IWF zu einem gemeinsamen Paket gebündelt. Um über dieses dreijährige Anpassungsprogramm die Zahlungsfähigkeit Griechenlands zu erhalten, sollten 110 Mrd. Euro in Form von Tranchenzahlungen bereitgestellt werden (Tab.1). Hiervon trugen die Mitglieder der Eurozone bis zu 80 Mrd. Euro und der IWF 30 Mrd. Euro bei, wobei die Höhe der Finanzhilfen des IWF Währungsschwankungen aufgrund des Wechselkurses zwischen Euro und SZR unterliegt.[79]

---

[78] vgl. Internationaler Währungsfonds (2010).

[79] vgl. Bundesfinanzministerium (2010) & IWF (2010).

Tranchen	Auszahlungszeit-raum	EU	IWF	
1. Tranche	Mai '10	14,5	5,5	
2. Tranche	Sep '10	6,5	2,5	
3. Tranche	Jan '11	6,5	2,5	
4. Tranche	Mrz '11	10,9	4,1	
5. Tranche	Jun '11	8,7	3,3	
6. Tranche	Sep '11	5,8	2,2	
7. Tranche	Dez '11	3,6	1,4	
8. Tranche	Mrz '12	7,3	2,7	
9. Tranche	Jun '12	4,4	1,6	
10. Tranche	Sep '12	4,4	1,6	
11. Tranche	Dez '12	1,5	0,5	
12. Tranche	Mrz '13	4,4	1,6	
13. Tranche	Jun '13	1,5	0,5	
GESAMT*		80**	30	110

Tabelle 1: Angekündigte Tranchenzahlungen der EU und des IWF an Griechenland von 2010 bis 2013 in Mrd. Euro; Quelle: eigene Darstellung (Daten: FAZ) [80]
*Summen enthalten gegebenenfalls Rundungsdifferenzen; **Von den ursprünglichen 80 Milliarden Euro standen letztlich nur 77,3 Milliarden Euro zur Verfügung. Die Slowakei beteiligte sich von Anfang an nicht an den Zahlungen, Portugal und Irland schieden als Geldgeber aus, nachdem sie selbst Hilfspakete in Anspruch genommen hatten.

Laut John Lipsky, erster stellvertretender Geschäftsführer des IWF, bedeutete die gemeinsame Finanzierung, dass Griechenland bis 2013 nicht auf die internationalen Finanzmärkte angewiesen ist und somit ein Zeitpuffer bekommt, in dem es die Wirtschaft und die Wettbewerbsfähigkeit wiederherstellen kann.[81] Von den gewährten Hilfen flossen im Rahmen des ersten Rettungspakets 73 Mrd. Euro tatsächlich nach Griechenland. Die Eurozone beteiligte sich mit 52,9 Mrd. Euro und der IWF mit 20,2 Mrd. Euro, was etwa 17,5 Mrd. SZR entsprach. Die noch nicht ausbezahlten Kredite der Euro-Staaten wurden 2012 auf das zweite Hilfsprogramm übertragen.[82]

---

[80] vgl. Frankfurter Allgemeine Zeitung (2012).
[81] vgl. Internationaler Währungsfonds (2010).
[82] vgl. ARD Brüssel (2016).

Zum 31.12.2016 wurden insgesamt rund 17,5 Mrd. SZR von Griechenland an den IWF zurückgezahlt. Dies entspricht rund 22,4 Mrd. Euro (Umrechnungskurs 30.12.2016).[83]

4.2.2 Das zweite Rettungspaket (2012 – 2016)

Ein Jahr nach Verabschiedung des ersten Rettungspakets steckte Griechenland trotz des Sparanpassungsprogrammes immer noch tief in der Krise. Griechenland musste 2012 bis zu 30 Mrd. Euro Schulden zurückzahlen, konnte das aber aus eigener Kraft nicht finanzieren und benötigte daher erneut zusätzliche Hilfen. Die Staatsschulden waren bis Ende 2011 auf rund 165 Prozent des Bruttoinlandsprodukts gestiegen, zudem verstärkten die Sparmaßnahmen die Rezession. 2011 war die griechische Wirtschaft um 5,5 Prozent geschrumpft und die Arbeitslosenquote lag bei 20 Prozent. Von den jungen Menschen zwischen 15 und 29 Jahren war jeder Zweite ohne Job.[84]

In einem zweiten Hilfspaket wurden mehrere Maßnahmen für den Zeitraum 2011 bis 2019 vereinbart. Unter anderem weitere finanzielle Hilfen durch die Europäische Finanzstabilisierungsfazilität (EFSF) und den IWF. Nach monatelangen Verhandlungen mit Griechenland gaben die Euro-Finanzminister im Dezember 2012 eine erste Tranche von 34,3 Mrd. Euro frei, um die im Jahr 2012 fälligen Schulden begleichen zu können.[85] Insgesamt wurden im Rahmen des zweiten Rettungspakets Zusagen in Höhe von 173,3 Mrd. Euro, einschließlich der noch nicht ausbezahlten Kredite des ersten Programms in Höhe von 24,4 Mrd. Euro, bis Ende 2016 gemacht. Davon entfielen 144,5 Mrd. Euro auf den EFSF und ca. 28,8 Mrd. Euro auf den IWF. Von dem zweiten Hilfspaket wurden 130,9 Mrd. Euro durch den EFSF und 11,8 Mrd. Euro durch den IWF tatsächlich an Griechenland ausgezahlt.[86]

Von dem zugesagten Volumen des EFSF waren 48 Mrd. Euro als Kapitalhilfen für Banken vorgesehen und weitere 61 Mrd. Euro für allgemeine Kredithilfen. Um den Schuldenschnitt zu ermöglichen sagte der EFSF zusätzlich bis zu 35,5 Mrd. Euro zu. Von den 48 Mrd. Euro, die für mögliche Kapitalhilfen zugunsten der Banken bereits komplett an den griechischen Bankenrettungsfonds geflossen waren, wurden die

---

[83] vgl. Bundesfinanzministerium (2017).

[84] vgl. Bundesfinanzministerium (2011).

[85] vgl. Bundesregierung (2011).

[86] vgl. Bundesfinanzministerium (2017).

bis dahin nicht benötigten 10,9 Mrd. Euro im Februar 2015 an den EFSF zurücküberwiesen.[87] Auf den Ablauf und die Funktion des Schuldenschnittes wird im nächsten Unterkapitel eigegangen. Damit Griechenland diese finanziellen Hilfsmaßnahmen überhaupt in Anspruch nehmen durfte, musste sich das Land zu einer Reihe von Maßnahmen verpflichten, die regelmäßig durch die Troika kontrolliert wurden und zum Teil noch werden. Die Troika setzt sich zusammen aus dem IWF, der EU-Kommission und der EZB. Im Memorandum of Economic and Financial Policies sind die Vereinbarungen zwischen der Troika und Griechenland beschrieben. Die Maßnahmen lassen sich in zwei Hauptziele unterteilen. Die Rückgewinnung der Wettbewerbsfähigkeit und die Rückgewinnung der finanziellen Nachhaltigkeit, welche für die Behebung der Liquiditäts- und Insolvenzprobleme des Landes sorgen sollen. In der Tabelle zwei werden beispielhaft konkrete Maßnahmen zur Erreichung dieser Ziele aufgezeigt.[88]

---

[87] vgl. ARD Brüssel (2016).
[88] vgl. Internationaler Währungsfonds (2012): S.107ff.

Reform- und Strukturanpassungsprogramme in Griechenland
Maßnahmen zur Wiedererlangung der Wettbewerbsfähigkeit:
1. Reduzierung der Lohnstückkosten durch Gehaltssenkungen und Entlassungen (Ziel: Öffentliche Ausgaben für Gehälter auf OECD-Durchschnittsniveau senken)   2. Privatisierung von öffentlichen Gütern, Pensionskürzungen und Liberalisierung und Deregulierung der Finanz- und Kapitalmärkte sollen den Einfluss der Regierung auf die Wirtschaft reduzieren   3. Reformierung der Verwaltung (effizientere und effektivere Arbeitsgestaltung)
Rückgewinnung der finanziellen Nachhaltigkeit:
1. Bessere Selektion und Rationalisierung der öffentlichen Ausgaben (z.B. Reduzierung der Renten; Reduzierung der Ausgaben für Arzneimittel, etc.)   2. Restrukturierung der Verwaltungsabläufe (Aufhebung von Doppelstrukturen, Einführung adäquater IT-Systeme)   3. Steuerreform zur Vergrößerung der Steuerbasis   4. Umstrukturierung der Steuerbehörden (Anhebung der Steuerquote auf EU-Durchschnitt

Tabelle 2: Reform- und Strukturanpassungsprogramme in Griechenland; Quelle: eigene Darstellung (Daten: IWF)[89]

4.3 Schuldenschnitt der privaten Gläubiger im Frühjahr 2012

Bei dem Schuldenschnitt der privaten Gläubiger im Frühjahr 2012 handelte es sich um einen Schuldentausch. Dieser wurde in Form eines Angebots der griechischen Regierung an Gläubiger aus dem Privatsektor herangetragen. Zu diesem Zeitpunkt waren griechische Anleihen mit einem Wert von insgesamt 205,5 Mrd. Euro an private Gläubiger ausgegeben. Davon waren Anleihen im Wert von 177,2 Mrd. Euro unter griechischem Recht und Anleihen im Wert von 18,7 Mrd. Euro unter ausländischem Recht ausgegeben. Der Rest von 9,6 Mrd. Euro wurde von staatlichen Unternehmen in griechischem Besitz ausgegeben.[90]

Die Struktur, unter welchem Recht die Anleihen ausgegeben wurden, spielt deshalb eine Rolle, weil die Gläubiger je nach Recht unterschiedlich zu einer Beteiligung an dem Schuldenschnitt gedrängt werden konnten. Eine freiwillige Beteiligung der

---

[89] vgl. Internationaler Währungsfonds (2012): S.107ff.

[90] vgl. Europäische Kommission (2012a): S.48.

Halter von Anleihen unter griechischem Recht von mindestens 75 Prozent erlaubte es der Regierung, nachträglich sogenannte Collective Action Clauses (CAC) für diese Papiere zu erlassen. Dieses Gesetz wurde am 23. Februar 2012 von der griechischen Regierung beschlossen. Die freiwillige Beteiligung an dem Schuldentausch betrug 85,8 Prozent. Dadurch konnten die restlichen Halter von Anleihen unter griechischem Recht zu einer Beteiligung am Schuldentausch gezwungen werden. Das Gleiche kann mit Anleihen unter ausländischem Recht nicht gemacht werden.[91] Ende April konnte Griechenland schließlich eine Beteiligung an dem Schuldentausch von über 96 Prozent der gesamten Gläubiger erreichen. Insgesamt wurden Staatsanleihen im Wert von über 198 Mrd. Euro umgetauscht.[92]

Die Beteiligung der privaten Gläubiger an dem Schuldenschnitt, lässt sich zum einen auf den von der Politik ausgeübten Druck zurückführen, denn nach dem Beschluss der EU am 26. Oktober 2011 setzte diese eine Beteiligung des Privatsektors für weitere Hilfen ihrerseits voraus.[93] Andererseits spielten die Bedingungen, unter denen die neuen Anleihen ausgegeben wurden, eine bedeutende Rolle. Der Umtausch der Staatsanleihen wurde unter folgenden Bedingungen vorgenommen. Die Gläubiger erhielten für 31,5 Prozent des Nominalwertes ihrer griechischen Staatsanleihen neue griechische Anleihen (nGGB) mit einer niedrigeren Verzinsung und längeren Laufzeiten. Sie erhielten zudem kurzfristige EFSF-Papiere in Höhe von 15 Prozent ihres jeweiligen Nominalwertes. Dieser finanzielle Anreiz seitens des EFSF sollte dazu beitragen, eine hohe Beteiligung an dem Umtauschprogramm zu erreichen.[94] Mit 34,5 Mrd. Euro wurden nur 0,9 Mrd. Euro weniger als maximal möglich davon in Anspruch genommen.[95]

Außerdem erhielten die Gläubiger eine garantierte Verzinsung der bis maximal 2042 laufenden neuen Papiere. Diese betrug bis zum Jahre 2015 zwei Prozent, bis 2020 drei Prozent, bis 2021 3,65 Prozent und danach 4,3 Prozent. Diese Verzinsung enthielt eine Koppelung an die Entwicklung des BIPs in Griechenland. Entwickelte sich das BIP besser als prognostiziert, wurden die Gläubiger über die sogenannten BIP-gebundenen Garantien an dieser Entwicklung beteiligt. Als letzte Bedingung

---

[91] vgl. Europäische Kommission (2012a): S.47f.

[92] vgl. Europäische Kommission (2012b): S.55.

[93] vgl. Europäische Kommission (2011): S.4.

[94] vgl. Hellenic Republic - Ministry of Finance (2012a): S.1.

[95] vgl. ARD Brüssel (2016).

des Umtauschs erhielten die Gläubiger mit dem Tag des Tauschs kurzfristige EFSF-Papiere in Höhe der jeweils ausstehenden Zinsen ausgezahlt.[96] Insgesamt ergeben sich somit nominale Gesamtwerte der neuen Anleihen und Papiere in Höhe von 46,5 Prozent des vorherigen nominalen Wertes der Schulden und ein Schuldenschnitt in Höhe von 53,5 Prozent. Bei der Gesamtbeteiligung von Anleihen im Wert von 198 Mrd. Euro ergibt das einen Schuldenerlass von 107 Mrd. Euro.[97]

4.4 Forderungsrückkauf durch Griechenland

Aufgrund der abermals schlechten Entwicklung der griechischen Wirtschaft und auf Grundlage einer neuen Schuldentragfähigkeitsanalyse des IWF beschloss die Eurogruppe im November 2012 neue Maßnahmen zur Reduzierung der Staatsschuldenquote des Landes. Griechenland machte den Besitzern der neuen griechischen Staatsanleihen ein Angebot zum Rückkauf der eigenen Schulden. Diese hatten in der Zeit vom 03. bis zum 11. Dezember 2012 die Möglichkeit, ihre offenen Forderungen, je nach Laufzeit zu einem Wert zwischen 32,2 und 40,1 Prozent des Nominalwertes zurück an Griechenland zu verkaufen.[98] Die Gesamtsumme der neuen griechischen Staatsanleihen betrug nach dem Schuldentausch im Frühjahr 2012 ca. 62,4 Mrd. Euro (198 Mrd. Euro * 31,5 Prozent). Davon erklärten sich die Gläubiger von insgesamt 31,8 Mrd. Euro bereit, sich an dem Rückkaufprogramm zu beteiligen. Griechenland kaufte alle angebotenen Forderungen mit Unterstützung der Eurogruppe und der Bereitstellung von unverzinslichen EFSF-Papieren als Zahlungsmittel an.[99]

Inklusive Zinsen zahlte das Land 11,2 Mrd. Euro an die Gläubiger aus. Das entspricht einem Nominalwert von 35,4 Prozent des ursprünglichen Forderungsbetrages und senkte die Summe der Forderungen um 20,5 Mrd. Euro. Das Restvolumen an neuen griechischen Anleihen betrug nach dem Forderungsrückkauf noch circa 30 Mrd. Euro. In diesem Fall konnten die privaten Gläubiger zwar nicht über ein entsprechendes Gesetz zur Teilnahme an dem Rückkaufprogramm gezwungen werden, jedoch setzte sie der Forderungsrückkauf durch die öffentlichen Gläubiger unter Druck. In einem Statement der Eurogruppe vom 27. November 2012 setzte

---

[96] vgl. Hellenic Republic - Ministry of Finance (2012a): S.1.

[97] vgl. Hellenic Republic - Ministry of Finance (2012a): S.1.

[98] vgl. Hellenic Republic - Ministry of Finance (2012b): S.5.

[99] vgl. Hellenic Republic - Ministry of Finance (2012b): S.5.

diese ein erfolgreiches Rückkaufprogramm für weitere Hilfen für Griechenland ihrerseits voraus. Dies hätte dazu geführt, dass die privaten Gläubiger bei einer Verweigerung des Rückkaufprogrammes nicht bedacht worden wären und die Anleihen keinen Wert mehr besäßen.[100]

4.5 Zinserlass und Laufzeitverlängerung durch die Troika

Neben dem Schuldenrückkaufprogramm hat die Troika in dem Treffen im November 2012 weitere Maßnahmen beschlossen, um die Staatsschuldenquote Griechenlands bis 2020 auf die Zielmarke von 124 Prozent vom BIP zu senken. Diese Maßnahmen lassen sich hinsichtlich ihrer Art und Weise in direkte und indirekte Finanzhilfen unterscheiden.[101] Zu den direkten Finanzhilfen zählten die Senkung des Zinssatzes für die GLF-Kredite um 100 Basispunkte, der Verzicht des EFSF auf bislang erhobene Bereitstellungsgebühren (Commitment Fee) und die Rückführung der Gewinne der EZB und NZBs im Rahmen des Securities Markets Programme (SMP). Somit wurden Griechenland für die Jahre bis 2016 weitere direkte Finanzhilfen in Höhe von 9,5 Mrd. Euro gewährt.[102] Zudem konnte der Finanzbedarf bis zum Jahre 2016 durch Umstrukturierungsmaßnahmen um weitere 24 Mrd. Euro gesenkt werden. Zu diesen indirekten Maßnahmen gehört unter anderem der Verzicht der EU auf die Reduzierung des Treasury-Bill-Bestandes. Zusätzlich dazu wurde eine Verschiebung der Fälligkeiten der GLF- und EFSF-Kredite um 15 Jahre beschlossen. Dadurch sollte die Rückkehr Griechenlands an den Kapitalmarkt in den 2020er Jahren sichergestellt werden. Außerdem kündigten die EU-Länder bei Bedarf weitere Zinssenkungen oder sonstige Finanzhilfen an, damit Griechenland die angestrebte Staatsschuldenquote von 124 Prozent vom BIP im Jahre 2020 erreicht.[103]

---

[100] vgl. EU (2012): S.1f.
[101] vgl. Europäische Kommission (2012b): S.52.
[102] vgl. Europäische Kommission (2012b): S.53f.
[103] vgl. Europäische Kommission (2012b): S.56ff.

4.6 Das dritte Rettungspaket (2015 – 2018)

Am 30.06.2015 lief das Hilfsprogramm der Eurostaaten gegenüber dem griechischen Staat aus. Die fällige Kreditrate von 1,55 Mrd. Euro (siehe Abbildung 5) wurde nicht an den IWF überwiesen. Damit war Griechenland das erste Industrieland, was beim IWF in Zahlungsverzug geriet.[104]

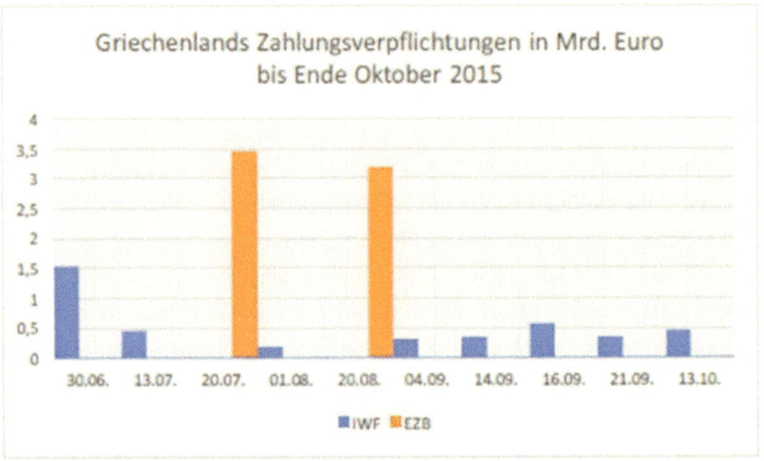

Abbildung 4: Griechenlands Zahlungsverpflichtungen in Mrd. Euro bis Ende Oktober 2015; Quelle: eigene Darstellung (Daten: IWF)

Im Juli 2015 einigten sich die Euro-Staaten mit Griechenland auf Bedingungen für die Aufnahme von Verhandlungen über ein drittes Hilfsprogramm, das über den Europäischen Stabilitätsmechanismus (ESM) laufen sollte. Damit die Regierung in Athen während der Verhandlungen und bis zum geplanten Inkrafttreten des Programms seine Zahlungsverpflichtungen gegenüber dem IWF und der EZB erfüllen konnte, wurde dem Land ein Überbrückungskredit gewährt.[105] Die Regierung in Athen erhielt im Juli 2015 insgesamt 7,16 Mrd. Euro aus einem alten, seit Jahren nicht mehr genutzten EU-Rettungsschirm, dem EFSM. Dieser Kredit wurde anschließend als ein Teil der ersten Tranche aus dem dritten Rettungspaket an den EFSM zurückgezahlt.[106] Nach wochenlangen Verhandlungen einigten sich Griechenland und die Eurozone im August 2015 auf die Bedingungen für ein drittes

---

[104] vgl. Spiegel Online (2015a).

[105] vgl. Spiegel Online (2015b).

[106] vgl. Die Welt (2015).

Rettungspaket, welches auf drei Jahre befristet ist und im August 2018 enden soll. Die Stabilitätshilfen laufen über den dauerhaften Rettungsschirm ESM und sollen bis zu 86 Mrd. Euro umfassen. Griechenland muss eine Reihe von Reformen umsetzen und Schritte zur Haushaltskonsolidierung vornehmen, um das Geld schrittweise in Tranchen ausgezahlt zu bekommen.[107]

Am 20. August 2015 flossen die ersten Tranchen des dritten Rettungspakets in Höhe von 10 Mrd. Euro, welche ausschließlich für Kapitalhilfen griechischer Banken oder Kosten bei der möglichen Abwicklung von Instituten vorgesehen waren. Von diesen 10,0 Mrd. gab das ESM-Direktorium am 1. Dezember 2015 eine Kapitalhilfe von 2,72 Mrd. Euro für die Piraeus Bank und am 8.Dezember 2015 eine Kapitalhilfe von 2,71 Mrd. Euro für die private National Bank of Greece frei.[108] An die griechische Staatskasse gingen aus dem Rettungspaket zunächst 13,0 Mrd. Euro, die auch der Rückzahlung des Überbrückungskredites dienten. Am 23. November 2015 beschloss der ESM-Gouverneursrat die Auszahlung von weiteren 2,0 Mrd. Euro an die griechische Regierung. Im Dezember 2015 folgte nochmals eine Milliarde Euro, da Griechenland erste geforderte Reformen nach Ansicht der Geldgeber zufriedenstellend umgesetzt hatte.[109] Die Gläubiger Griechenlands setzten sich am Ende des Jahres 2015 somit zusammen aus den öffentlichen Institutionen, wie dem EFSM bzw. ESM, dem IWF, der EZB und der GLF-Kredite. Hinzu kamen noch die privaten Investoren (siehe Abbildung 5).[110]

---

[107] vgl. ARD Brüssel (2016).
[108] vgl. ARD Brüssel (2016).
[109] vgl. ARD Brüssel (2016).
[110] vgl. Internationaler Währungsfonds (2016a): Country Report 16/130.

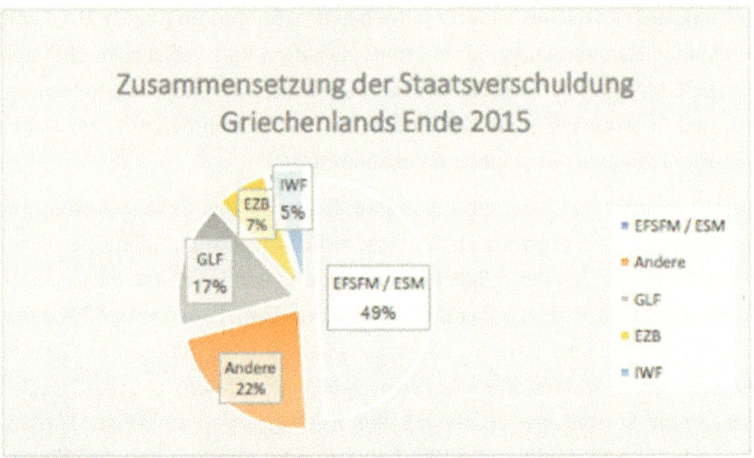

Abbildung 5: Zusammensetzung der Staatsverschuldung Griechenlands Ende 2015; Quelle: eigene Darstellung in Anlehnung an IWF Country Report No. 16/130[111]

Im Mai 2016 stimmte die Eurogruppe der Auszahlung von weiteren 10,3 Mrd. Euro in zwei Tranchen zu. Die erste Tranche in Höhe von 7,5 Mrd. Euro wurde im Juni 2016 überwiesen. Von den restlichen 2,8 Mrd. Euro, die im Herbst 2016 fließen sollten, gab die Eurogruppe am 10.Oktober 2016 zunächst eine Tranche von 1,1 Mrd. Euro frei. Nachdem Griechenland fehlende Zahlen vorgelegt hatte und die Institutionen eine positive Bewertung der Begleichung griechischer Zahlungsrückstände vorgenommen hatten, wurden die restlichen 1,7 Mrd. Euro an Griechenland überwiesen.[112] Im März 2017 werden die Kontrolleure der internationalen Organisationen die griechische Wirtschaft erneut analysieren und die Umsetzung der Reformen überprüfen, um weitere Tranchen an Griechenland freigeben zu können. Die EU-Kommission rechnet mit einem Wirtschaftswachstum von 2,7 Prozent für das Kalenderjahr 2017.[113]

Der IWF hat seine Beteiligung am dritten Rettungspaket noch nicht bestätigt, da die Experten das Schuldenniveau Griechenlands für nicht nachhaltig und tragbar halten. Der Internationale Währungsfonds plädiert seit Monaten auf einen Schuldenschnitt für Griechenland als Voraussetzung für eine Beteiligung am dritten

---

[111] vgl. Internationaler Währungsfonds (2016a): Country Report 16/130.

[112] vgl. ARD Brüssel (2016).

[113] vgl. Spiegel Online (2017).

Rettungspaket. Die Schuldentragfähigkeitsanalyse des IWF hat ergeben, dass Griechenland ohne Schuldenschnitt die Kredite langfristig weder tilgen, noch die Zinsen bedienen kann.[114] Die Bundeskanzlerin Angela Merkel und der deutsche Finanzminister Wolfgang Schäuble sprechen sich offen für die unabdingbare Notwendigkeit der Beteiligung des Internationalen Währungsfonds am dritten Rettungspaket aus.[115] Der klassische Schuldenschnitt wurde jedoch bei den Verhandlungen im August 2015 kategorisch ausgeschlossen und würde Merkel im Hinblick auf die Bundestagswahlen im September 2017 weit zurückwerfen.[116]

Aus einem Treffen zwischen Kanzlerin Merkel und IWF-Chefin Christine Lagarde vom 22.02.2017 ging hervor, dass der IWF zumindest aktuell keine dringende Notwendigkeit eines klassischen Schuldenschnitts mehr fordert, aber eine Schuldenerleichterung am Ende des Hilfsprogramms 2018 durch eine Verlängerung der Kredite von Nöten sei. Ob der IWF auch finanziell in das laufende Hilfsprogramm einsteigen wird blieb jedoch weiterhin offen.[117]

---

[114] vgl. von Petersdorff-Campen (2017).
[115] vgl. Die Welt (2017).
[116] vgl. Handelsblatt (2016).
[117] vgl. Spiegel Online (2017).

5 Kritische Einschätzung der Hilfs- und Sparmaßnahmen des IWF und der anderen Institutionen

Die Abbildung sechs zeigt die Staatsverschuldung Griechenlands in Relation zum Bruttoinlandsprodukt. Seit dem Jahr 2010 bekommt Griechenland Unterstützung in Form von Rettungspaketen oder Schuldenerleichterungen und setzt gleichzeitig die Reformen und Sparpakete der Troika durch, welche dem Staat aus der Krise helfen sollen. Die Abbildung sechs macht deutlich, dass sich seit 2010 die Verschuldung in Relation zum BIP nicht verbessert hat, in den Prognosen für die Jahre 2016 bis 2018 soll sie sich sogar nochmal verschlechtern und ansteigen.[118] Stellt sich somit die Frage, ob die Hilfe der Troika, insbesondere die des IWF, Griechenlands Wirtschaft überhaupt verbessern beziehungsweise verbessert haben.

Abbildung 6: Staatsverschuldung Griechenlands von 2005-2018 in Relation zum BIP; Quelle: eigene Darstellung (Daten: IWF 2016f); *Beginn der Hilfsmaßnahmen durch die Troika; **Schuldenschnitt im Frühjahr 2012; ***Prognosen[119]

Laut dem Bundesfinanzministerium war die Rezession in Griechenland nicht zu verhindern und dadurch bedingt, dass der zuvor jahrelang anhaltende kreditfinanzierte Konsum durch die Strukturanpassungsprogramme zu einem sofortigen Ende gekommen ist. Die Hilfsprogramme sollen Griechenland seit 2010 vor einem

---

[118] vgl. Internationaler Währungsfonds (2016f).
[119] vgl. Internationaler Währungsfonds (2016f).

Staatsbankrott bewahrt und so eine unkontrollierte Insolvenz mit unvorhersehbaren Folgen für die griechische Bevölkerung aber auch für alle anderen EU-Länder erfolgreich abgewandt haben.[120] Im Jahr 2013 äußerte sich der Chef der Griechenlandmission des IWF, Poul Thomsen, erstmals zu den Fehlern der Rettungsmaßnahmen. Laut Thomsen gingen die Experten des Fonds anfangs von zu optimistischen Annahmen im Hinblick auf die wirtschaftliche Entwicklung Griechenlands aus. Jedoch schiebt er gleichzeitig die Schuld auf die begrenzten administrativen Kapazitäten des Landes. Ein Fehler sei gewesen, dass die Experten des IWF zulange geglaubt haben, Athen komme ohne einen Schuldenschnitt aus. Es habe ein Jahr lang gedauert bis man die privaten Gläubiger zu einem Forderungsverzicht gezwungen habe. Somit schiebt Thomsen die Schuld in Richtung der Europäer, da diese so lange brauchten, sich auf eine Strategie zu verständigen.[121]

Der IWF veröffentlichte am 23. Mai 2016 den offiziellen Country Report zu Griechenlands Situation. Hier heißt es, dass die Rezession viel tiefgreifender als erwartet ausgefallen sei und somit eine erhebliche Entschuldung in den Jahren 2011 und 2012 erforderte, um die Aussicht auf Wiederherstellung der Nachhaltigkeit zu gewähren. Ernsthafte Umsetzungsprobleme bei den zugesagten Reformen führten außerdem zu einer starken Verschlechterung der Nachhaltigkeit. Dies sorgte Anfang 2014 für neue Zweifel an der griechischen Regierung und deren Politik, weshalb die Tranchen eingefroren wurden.[122] Im aktuellsten Country Report des IWF zu Griechenland vom 07. Februar 2017 bewertet der Währungsfonds den bisherigen Verlauf der Hilfsmaßnahmen und deren Erfolg. Griechenland habe trotz der von ihrer Mitgliedschaft in der Währungsunion auferlegten politischen Zwänge, erhebliche Fortschritte bei der Abwicklung seiner makroökonomischen Ungleichgewichte erzielt heißt es dort. Die umfangreichen Haushaltskonsolidierungen sorgten jedoch für erhebliche Kosten für die griechische Bevölkerung und ließ die Wirtschaft zurückgehen. Dies führte zu Verzögerungen bei der Reformumsetzung und zu politischen Umkehrungen seit der letzten Konsultation und endete in einer erneuten Vertrauenskrise im Jahr 2015. Seitdem hat sich die Situation stabilisiert und das Wachstum wird voraussichtlich im Jahr 2016 minimal fortgesetzt werden.[123]

---

[120] vgl. Bundesfinanzministerium (2015).
[121] vgl. Piper (2013).
[122] vgl. Internationaler Währungsfonds (2016a): Country Report 16/130.
[123] vgl. Internationaler Währungsfonds (2017b): Country Report 17/40.

Laut IWF steht Griechenland ungeachtet der erheblichen Fortschritte immer noch vor grundsätzlichen Herausforderungen. Hierzu gehören die anfällige Struktur der öffentlichen Finanzen, die erhebliche Steuerhinterziehung und eine ineffektive Steuerverwaltung, sowie beeinträchtigte Bank- und Privatsektorbilanzen und die allgegenwärtigen strukturellen Hindernisse für Investitionen und Wachstum. Darüber hinaus ist die Staatsverschuldung nach wie vor, trotz bereits getätigter Erleichterungen durch die europäischen Partner, als nicht nachhaltig zu bewerten. Die Bewältigung dieser verbleibenden Herausforderungen und die Wiederherstellung der Schuldentragfähigkeit sind für die Schaffung eines lebendigen und dynamischen Privatsektors, welcher nachhaltiges und gerechtes Wachstum und Beschäftigung schaffen sollte, unerlässlich.[124]

Auch aus der Sicht des Wirtschaftsökonomen Prof. Dr. Alexander Kritikos waren viele Maßnahmen der Troika richtig, um das Land wieder wettbewerbsfähig zu machen. Griechenland investiert laut Kritikos momentan mit gerade mal 0,7 Prozent des BIP zu wenig in Forschung und Entwicklung und entwickelt sich dementsprechend nicht so gut wie vergleichbare Länder in der EU. Die Reformen der Troika allein reichen laut des Ökonomen nicht aus, um Griechenlands Wirtschaft langfristig anzutreiben. Laut Kritikos würde eine verpflichtende Investition von drei Prozent des BIP in Innovationssysteme Griechenlands Wirtschaftsstruktur zukünftig vielfältiger und wettbewerbsfähiger machen.[125]

Der Wirtschaftsjournalist Ernst Wolff schrieb 2014 das Buch mit dem Titel „Weltmacht IWF–Chronik eines Raubzugs", welches die Programme des IWF in den jeweiligen Krisenstaaten hinterfragt und aufschlüsselt. Dies tat er auch für Griechenland in dem Kapitel: „Die Troika bringt den Hunger zurück nach Europa". Laut Ernst Wolff begann alles mit einer Medienoffensive gegen Griechenland. Der finanzierte Überkonsum der Bevölkerung, die Steuerhinterziehung, die Korruption und der Beitritt zur Währungsunion mittels Zahlenfälschungen wurden dauerhaft propagiert.[126] Den Überkonsum entkräftet Wolff mit dem Verweis auf das in der EU zweitniedrigste durchschnittliche Einkommen und den griechischen Mindestlohn von 4,05 Euro pro Stunde. Außerdem stiegen mit der Einführung des Euro die Lebenshaltungskosten, da sich die Preise in Griechenland an die Preise der übrigen Euroländer anpassten und alles somit teurer war als zur Zeiten der Drachme.

---

[124] vgl. Internationaler Währungsfonds (2017b): Country Report 17/40.
[125] vgl. Kritikos (2014).
[126] vgl. Wolff, E. (2014): S.175.

Steuerhinterziehung betraf laut Wolff die oberen Teile der Mittelschicht und die Ultrareichen, die ihre Gelder mit Hilfe internationaler Großbanken in Offshore-Paradiesen versteckten. Bei der Korruption verweist Wolff auf die Schmiergelder ausländischer Konzerne, wie zum Beispiel die eine Millionen D-Mark 1999 vom Siemens-Konzern an die PASOK Partei.[127] Die Zahlenmanipulation der Bilanzen zum Beitritt der Währungsunion entspricht laut Wolff der Wahrheit, aber auch hier nimmt er die arbeitende Bevölkerung in Schutz und beschuldigt die Führung des Landes. Diese habe sich bei der Großbank Goldman Sachs 2,8 Mrd. Euro in Form eines hochspekulativen Derivate-Swaps geliehen und so die Staatsschulden um zwei Prozent gesenkt.[128] Die ersten beiden Sparpakete in Folge des ersten Rettungspaketes, welche unter anderem die Kürzung der Beamtengelder, die Reduzierung von Verwaltungsausgaben und die Erhöhung der Mehrwertsteuer auf 23 Prozent beinhalteten, traf laut Wolff vor allem die Bezieher mittlerer und geringer Einkommen und nicht die ohnehin schon ultrareichen Griechen. Mit dem zweiten Hilfskredit kam auch das dritte Sparpaket des IWF, welches die Mehrwertsteuer nochmals um zwei Prozent ansteigen ließ, eine Solidaritätssteuer etablierte, Steuerbefreiungen abschaffte, 150.000 Beschäftigte im öffentlichen Dienst entließ und Ausgaben im Gesundheitswesen um 1,43 Mrd. Euro bis 2015 senken sollte.[129]

Außerdem kritisiert Wolff in seinem Buch das Experten Team der Troika, da es Steuerimmunität genießt und zu keinem Vermögensnachweis für in Griechenland getätigte Käufe von Immobilien, Privatfahrzeugen und anderen Vermögenswerten verpflichtet ist. Des Weiteren soll die Troika den Ministerpräsident Papandreou durch den ehemaligen Vizepräsidenten der EZB, Loukas Papadimos ersetzt haben, nachdem Papandreou eine Volksabstimmung zu den Sparauflagen ankündigte.[130] Das vierte Sparpaket im Februar 2012 setzte laut Wolff den Sozialabbau der einfachen Bevölkerung Griechenlands mit weiteren Sparmaßnahmen und Kürzungen weiter fort. Politiker wie die Bundeskanzlerin Angela Merkel und die IWF-Chefin Lagarde sollen Griechenland mit ihren Aussagen immer weiter ins falsche Licht gerückt haben und ließen die europäische Bevölkerung glauben, alle Griechen seien

---

[127] vgl. Wolff, E. (2014): S.176f.
[128] vgl. Wolff, E. (2014): S.177.
[129] vgl. Wolff, E. (2014): S.179.
[130] vgl. Wolff, E. (2014): S.179.

„Schnorrer und arbeitsscheu". Hier verweist Wolff nochmals auf die Dauerarbeitslosigkeit und Obdachlosigkeit der griechischen Bevölkerung.[131]

Außerdem wirft Wolff dem IWF vor, einige Kredittranchen kämen nicht bei der arbeitenden Bevölkerung und den Unternehmen an, sondern würden lediglich der Rettung griechischer Banken dienen. Auch den Schuldenschnitt im Frühjahr 2012 kritisiert Wolff, da die Schulden der öffentlichen Gläubiger um genau den Betrag, der im öffentlichen Bereich reduzierten Schulden stieg. Ausgerufene Streiks erzielten nicht ihre Wirkung und sollen auch nur im äußersten Notfall vollzogen worden sein. Wolff ist der festen Überzeugung, dass die Troika die Demokratie in Griechenland stürzen wollte und dies auch geschafft hat. Gewerkschaften und Parteien mussten sich somit immer mehr dem Druck der Finanzmärkte unterwerfen und konnten angekündigte Versprechen nicht durchsetzen. Jedes weitere Sparpaket sorgte für größere Armut und sozialen Abbau, besonders bei den Langzeitarbeitslosen ohne Versicherungsschutz. So musste laut Wolff eine nicht versicherte schwangere Frau für die Geburt ihres Kindes bis zu drei Monatslöhne bezahlen. Hinzu kam noch die Schließung von 46 der 130 Hospitäler in Griechenland und die Reduzierung des Gesundheitsetats um ca. 30 Prozent auf 9,5 Mrd. Euro. Die Folgen waren eine erhöhte Suizidrate, eine Erhöhung der Zahl HIV-Infizierter Drogenabhängiger um das Zwanzigfache von 2008 bis 2013 und die Ausbreitung von Krankheiten, wie Malaria und Tuberkulose. Zudem stieg die Zahl der untergewichtigen Neugeborenen um 19 Prozent und die Kindersterblichkeit um 43 Prozent an. Zum Schluss verweist Wolff auf die Entwicklung der griechischen Staatsverschuldung seit den Hilfsprogrammen und Sparmaßnahmen und macht deutlich, dass trotz der SAP's die Verschuldung in Relation zum BIP immer weiter anstieg und der Staat durch weitere Sparmaßnahmen noch mehr an Wirtschaftskraft verlieren würde.[132]

Prof. Dr. Rudolf Hickel vertritt eine ähnliche Meinung wie Wolff im Hinblick auf die Sparmaßnahmen. Laut dem Wirtschaftsökonom ist die Schrumpfpolitik der Troika gescheitert und hat Griechenlands ökonomischen Absturz nur noch verschärft. Er ist der Meinung, dass Athen wieder Freiraum und unmittelbare Hilfen brauche. Sein Vorschlag an die EU beinhaltet einen Schuldenentlastungsfonds für alle Krisenländer innerhalb der Europäischen Union. Dieser Fonds sollte einen Großteil der griechischen Staatsschulden übernehmen und abwickeln. Die Finanzierung der

---

[131] vgl. Wolff, E. (2014): S.180.
[132] vgl. Wolff, E. (2014): S.184f.

Zinslasten sollte eine EU-weite Vermögensabgabe übernehmen. Darüber hinaus müssten zur Stabilisierung der gesamten Währungszone Eurobonds eingeführt werden, Staatsanleihen, für die alle Länder gemeinschaftlich haften. Auf der Basis einzuhaltender Regeln würde die öffentliche Kreditaufnahme dann zu einer Gemeinschaftsaufgabe des Euroraums erhoben.[133]

---

[133] vgl. Hickel (2014).

6 Fazit

Das bereits seit über einem Jahr andauernde dritte Rettungsprogramm hat Griechenland noch nicht die mehrfach prognostizierte wirtschaftliche Unabhängigkeit gebracht. Es zeigt sich, wie schon bei den ersten Hilfsprogrammen, dass die vorgegebenen Reformziele nicht oder nur in Teilen erreicht werden und der Zeitplan von einer ständigen Revision geprägt wird. Ergänzend dazu sind selbst komplett umgesetzte Strukturreformen mit Wirkungsverzögerungen verbunden. Die wirtschaftliche Erholung kann unter solchen Umständen nicht im erhofften Maß angeschoben werden. Griechenlands Probleme sind eindeutig weniger konjunktureller, sondern vielmehr struktureller Natur. Das Jahr 2016 wird somit, ähnlich wie die Jahre zuvor, nicht als die große Wende in die immer länger werdende Krisengeschichte Griechenlands eingehen.[134] Das liegt offensichtlich nicht an den von den Kreditgebern eingeforderten Reformen selbst. Der Verlauf der Rettungsprogramme in den anderen EU-Krisenländern zeigt, dass Zweifel an der generellen Qualität der Programme nicht gerechtfertigt sind. Die Programme halfen in Irland, Portugal, Spanien und Zypern bereits im ersten Anlauf die wirtschaftliche Lage zu stabilisieren und schoben einen nachhaltigen Reformprozess an. In diesen Ländern konnte daher die Phase der akuten Rettung nach nur einem Programm beendet werden, obwohl auch hier unerledigte Reformaufgaben verblieben. Die Analyse des griechischen Reformprozesses zeigt, dass es in Griechenland unverändert große Reformbaustellen gibt. In den letzten Jahren hat es zwar in Teilbereichen gewisse Fortschritte gegeben, jedoch belegt Griechenland weiterhin nur die hinteren Plätze. Klar ist aber auch, dass Projekte wie der grundlegende Umbau von Verwaltung und Justiz langfristig angelegt sind und viele Strukturreformen erst mit Verzögerung ihre Wirkung entfalten.[135]

Die EU-Kommission weist in ihrem Memorandum of Understanding aus dem Jahr 2016 explizit darauf hin, dass der Erfolg der Vereinbarung von der Bereitschaft der griechischen Seite abhängt, sich mit dem Reformprogramm zu identifizieren. Der Reformprozess muss als griechisches Projekt, das griechischen Interessen dient, verstanden werden. Die Identifikation mit dem Reformprogramm sollte sich allerdings nicht allein auf die Regierung und die Verwaltung beschränken. Auch die Parteien sollten sich parteiübergreifend zu den Reformen bekennen, um so eine

---

[134] vgl. Schrader, K., Laaser, C.-F., Benček, D. (2017):S. 25f.
[135] vgl. Schrader, K., Laaser, C.-F., Benček, D. (2017):S. 25f.

gesellschaftliche Akzeptanz für die reformbedingten Veränderungen entstehen zu lassen. Laut EU-Kommission darf das Rettungsprogramm nicht als eine Erscheinungsform der Fremdherrschaft vom IWF und den anderen Institutionen verstanden werden. Athen müsste die Verantwortung für die Implementierung des Reformkatalogs tragen und vorbehaltlos professionelle Hilfe der europäischen Partner akzeptieren. Das dritte Anpassungsprogramm stellt nur einen neuen Anlauf für die Umsetzung von noch nicht umgesetzten Reformen aus den letzten sieben Jahren dar.[136]

Die griechischen Haushalte mussten bereits hohe Kosten im Verlauf der Rettungsprozesse tragen. Mit dem Ausbruch der Weltfinanzmarktkrise 2008 wurden sie von der Einkommensentwicklung in der EU abgekoppelt. Während die real verfügbaren Einkommen in der EU wieder zunahmen, mussten die griechischen Haushalte bis 2015 einen realen Einkommensverlust in Höhe von 23 % hinnehmen (Abb. 7). In den anderen EU-Krisenländern gab es, mit der Ausnahme von Zypern, keine Einkommensverluste in dieser Größenordnung. In allen anderen Ländern konnte der Abwärtstrend durch Reformen gestoppt werden. Die Schlussfolgerungen aus diesem Sachverhalt ist, dass Stillstand und Verzögerungen im Reformprozess den Wohlstand der Bevölkerung nicht bewahren, sondern im Gegenteil den Sozialabbau durch das sinkende Einkommen beschleunigen.[137]

---

[136] vgl. Europäische Kommission (2016).
[137] vgl. Schrader, K., Laaser, C.-F., Benček, D. (2017):S. 27.

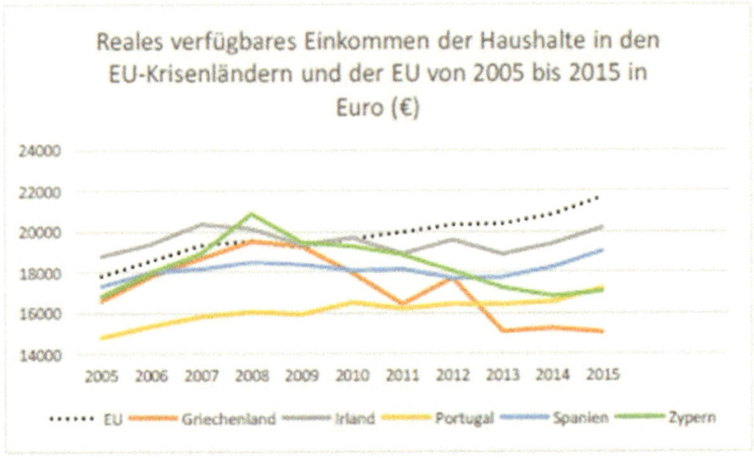

Abbildung 7: Reales verfügbares Einkommen der Haushalte in den EU-Krisenländern und der EU von 2005 bis 2015 in Euro; Quelle: eigene Darstellung (Daten: Eurostat)[138]

Ein weiteres Fazit zur aktuellen Rettung Griechenlands ist, dass die Beschäftigungsentwicklung nicht auf eine Erholung der Einkommen hindeutet. Arbeitsplätze werden eher im Niedriglohnsegment geschaffen, während sich die besser bezahlten Tätigkeiten tendenziell dezimieren. Investitionen in qualifizierte Beschäftigung außerhalb des Tourismussektors sind zurzeit noch nicht erkennbar. Die gerade durch die Reformen geschaffenen wirtschaftspolitischen Rahmenbedingungen könnten dies in Zukunft ändern. Ein Reformverzicht würde hingegen zu einem strukturellen Stillstand führen.[139] Vor diesem Hintergrund entspricht es laut der EU-Kommission dem griechischen Interesse, dass im Jahr 2017 die Reformen ohne weitere Verzögerungen und ohne Abstriche umgesetzt werden. Griechenland könnte dann die Phase der akuten Rettung verlassen und die neuen wirtschaftspolitischen Rahmenbedingungen zum Wachstum der Wirtschaft nutzen.[140] Für die langfristige Schuldentragfähigkeit wird es laut IWF auf einen direkten oder indirekten Schuldenschnitt am Ende des Programms hinauslaufen. Griechenland wäre dann für die Gestaltung und die Folgen seiner Wirtschaft- und Finanzpolitik im Rahmen des europäischen Stabilitätspakts wieder selbst verantwortlich. Da das

---

[138] vgl. Eurostat (2016).

[139] vgl. Schrader, K., Laaser, C.-F., Benček, D. (2017):S. 28.

[140] vgl. Europäische Kommission (2016).

griechische Eigeninteresse an einem erfolgreichen Anschluss des Reformprozesses stark genug sein sollte, bedarf es dann auch nicht mehr unbedingt der verschärften Kontrolle durch die Experten der Organisationen.[141]

---

[141] vgl. Spiegel Online (2017).

7 Literaturverzeichnis

Appenzeller, G. (28. März 2011). *Der Tagesspiegel*. Abgerufen am 17. Januar 2017 von http://www.tagesspiegel.de/wirtschaft/staatsverschuldung-auf-kosten-der- stabilitaet/3994536.html

ARD Brüssel. (14. November 2016). *Bisherige Euro-Rettungspakete - So viel Geld floss nach Griechenland.* Abgerufen am 09. Februar 2017 von https://www.tagesschau.de/wirtschaft/rettungspakete-101.html

Bloomberg. (06. Januar 2017). *Entwicklung der Rendite zehnjähriger Staatsanleihen Griechenlands in den Jahren von 1998 bis 2016.* Abgerufen am 24. Januar 2017 von https://de.statista.com/statistik/daten/studie/383110/umfrage/entwick lung-der-rendite-zehnjaehriger-staatsanleihen-griechenlands/

Bofinger, P. (2010). *Zurück zur D-Mark? Deutschland braucht den Euro.* München: Droemer Verlag.

Brissimis, S. N., Garganas, E. N., & Hall, S. G. (2012). *Consumer credit in An era of financial liberalization: An overreaction to repressed demand?* Athen: Bank of Greece.

Bundesfinanzministerium. (06. Mai 2010). *Die Zukunft der gemeinsamen europäischen Währung sichern.* Abgerufen am 08. Februar 2017 von http://www.bundesfinanzministerium.de/Content/DE/Standardartikel/T hemen/Europa/Euro_auf_einen_Blick/2010-05-06-griechenland-finanzstabilitaet.html

Bundesfinanzministerium. (22. Juli 2011). *Ergebnisse des Gipfels der Eurozone am 21. Juli 2011 in Brüssel.* Abgerufen am 08. Februar 2017 von http://www.bundesfinanzministerium.de/Content/DE/Standardartikel/T hemen/Europa/Stabilisierung_des_Euro/2011-07-22-europaeischer-rat-umfassendes-massnahmenpaket.html

Bundesfinanzministerium. (15. September 2015). *Fragen und Antworten zum dritten Finanzhilfeprogramm für Griechenland.* Abgerufen am 27. Februar 2017 von http://www.bundesfinanzministerium.de/Content/DE/FAQ/2015-09-15-griechenland.html#doc22920bodyText3

Bundesfinanzministerium. (06. Februar 2017). *Europäische Finanzhilfen: EFSF und EFSM*. Abgerufen am 08. Februar 2017 von http://www.bundesfinanzministerium.de/Content/DE/Standardartikel/Themen/Europa/Stabilisierung_des_Euro/europaeische-finanzhilfen-efsf-efsm.html#doc24368bodyText8

Bundesregierung. (21. Juli 2011). *Euro-Gipfel für weitere Griechenland-Hilfe*. Abgerufen am 08. Februar 2017 von https://www.bundesregierung.de/ContentArchiv/DE/Archiv17/Artikel/2011/07/2011-07-21-euro-sondergipfel-bruessel.html

Burda, M., & Wyplosz, C. (1994). *Makroökonomie, eine europäische Perspektive*. München: Franz Vahlen.

Desli, E. &. (2012). Greece's Sudden Faltering Economy: From Boom to Bust with Special Reference to the Debt Problem. In P. &. Arestis, *The Euro Crisis*. New York.

Die Welt. (30. Juli 2010). *Das kleine Griechenland hat 768.000 Beamte*. Abgerufen am 20. Januar 2017 von http://www.welt.de/reise/article8729748/Das-kleine-Griechenland-hat-768-000- Beamte.html,

Die Welt. (15. Januar 2013). *50.000 Griechen kassieren Renten toter Verwandter*. Abgerufen am 20. Februar 2017 von https://www.welt.de/wirtschaft/article112766606/50-000-Griechen-kassieren-Renten-toter-Verwandter.html

Die Welt. (17. Juli 2015). *Sieben Milliarden Euro Blitzkredit bis Montag in Athen*. Abgerufen am 20. Februar 2017 von https://www.welt.de/wirtschaft/article144156530/Sieben-Milliarden-Euro-Blitzkredit-bis-Montag-in-Athen.html

Die Welt. (07. Februar 2017). *IWF-Analyse zu Griechenland entsetzt Europa*. Abgerufen am 28. Februar 2017 von https://www.welt.de/wirtschaft/article161892836/IWF-Analyse-zu-Griechenland-entsetzt-Europa.html

Dreher, A. (2003). *Die Kreditvergabe von IWF und Weltbank*. Berlin: Wissenschaftlicher Verlag .

EU. (26. Oktober 2011). *Euro Summit Statement.* Abgerufen am 15. Februar 2017 von https://www.google.de/url?sa=t&rct=j&q=&esrc=s&source=web&cd=1& cad=rja&uact=8&ved=0ahUKEwjBz5OpmZLSAhWnd5oKHSOuCG4QFgga MAA&url=https%3A%2F%2Fwww.consilium.europa.eu%2Fuedocs%2Fc ms_data%2Fdocs%2Fpressdata%2Fen%2Fec%2F125644.pdf&usg=AFQj CNGb6r5wZvmxts6qvnR_bDT7ST78Iw&sig2=Kv7thAkOS7MtKA8a1CRl1Q &bvm=bv.146786187,d.bGs

EU. (27. November 2012). *Eurogroup Statement on Greece.* Abgerufen am 15. Februar 2017 von http://www.consilium.europa.eu/press/press-releases/2012/11/pdf/Eurogroup-statement-on-Greece-27-11/

Euronews. (15. März 2010). *Bringt Griechenland den Euro zu Fall.* Abgerufen am 20. Januar 2017 von http://de.euronews.com/2010/03/15/bringt-griechenland-den-euro-zu-fall

Europäische Kommission. (2011). *Euro Summit Statement.* Brüssel.

Europäische Kommission. (2012a). *The Second Economic Adjustment Programme for Greece March 2012.* Occasional Papers 94, Brüssel.

Europäische Kommission. (2012b). *The Second Economic Adjustment Programme for Greece December 2012.* Occasional Papers 123, Brüssel.

Europäische Kommission. (16. Juni 2016). *Supplemental Memorandum of Understanding.* Abgerufen am 15. März 2017 von https://ec.europa.eu/info/business-economy-euro/economic-and-fiscal-policy-coordination/eu-financial-assistance/which-eu-countries-have-received-assistance/financial-assistance-greece_en

Eurostat. (04. Dezember 2016). *Datenbank: Reales verfügbares Einkommen der Haushalte (tec00113).* Abgerufen am 14. März 2017 von http://ec.europa.eu/eurostat/tgm/table.do?tab=table&init=1&plugin=1& language=de&pcode=tec00113

Frankfurter Allgemeine Zeitung. (15. November 2010). *Griechisches Defizit höher als gedacht.* Abgerufen am 20. Januar 2017 von http://www.faz.net/aktuell/wirtschaft/wirtschaftspolitik/zahlen-nach-oben-korrigiert-griechisches-defizit-hoeher-als-gedacht-11069180.html

Frankfurter Allgemeine Zeitung. (02. Mai 2010). *Wie Griechenland das Geld verschwendet.* Abgerufen am 26. Januar 2017 von http://www.faz.net/aktuell/wirtschaft/eurokrise/athener-ausgaben-wie-griechenland-das-geld-verschwendet-1981513.html

Frankfurter Allgemeine Zeitung. (24. Februar 2012). *Das erste Hilfspaket: Wann das Geld ausbezahlt wird.* Abgerufen am 20. Februar 2017 von http://www.faz.net/aktuell/wirtschaft/eurokrise/griechenland-das-erste-hilfspaket-wann-das-geld-ausbezahlt-wird-11659849.html

Giannítsis, T. (2015). *Die Krise in Griechenland: Ursprünge, Verlauf, Folgen.* (U.-D. Klemm, & W. Schultheiß, Hrsg.) Frankfurt am Main: Campus Verlag.

Gilpin, R. (2000). *The Challenge of Global Capitalism: The World Economy in the 21st Century.* NJ: Princeton University Press.

Gramlich, L. &. (2000). *Gabler Bank Lexikon.* Wiesbaden: Springer.

Handelsblatt. (03. April 2016). *Deutschland und der IWF stehen vor "Zermürbungskrieg".* Abgerufen am Februar. 28 2017 von http://www.handelsblatt.com/politik/international/drittes-hilfspaket-fuer-athen-deutschland-und-iwf-stehen-vor-zermuerbungskrieg/13395340.html

Helleiner, E. (1994). *States and the Reemergence of Global Finance: From Bretton Woods to the 1990´s.* New York: Cornell University Press.

Hellenic Republic - Ministry of Finance. (24. Februar 2012a). *Press Release.* Abgerufen am 15. Februar 2017 von http://www.tovima.gr/files/1/2012/02/24/https__www.bondcompro.com_greeceexchange_pdfs_Greek.Min-Fin-Press_Release_Feb.24-2012.pdf

Hellenic Republic - Ministry of Fincance. (12. Dezember 2012b). *Hellenic Republic Announces Exchange Offer Transaction Results.* Abgerufen am 15. Februar 2017 von http://www.pdma.gr/attachments/article/261/Press%20Release%20-%20December%20-%202012.pdf

Hickel, R. (23. November 2014). *Die Schrumpfpolitik ist gescheitert.* Abgerufen am 13. März 2017 von http://www.bpb.de/politik/wirtschaft/schuldenkrise/192982/die-schrumpfpolitik-ist-gescheitert

Institut für angewandte Wirtschaftsforschung ev. (07. Februar 2017). *Prognose zur Entwicklung der Schattenwirtschaft 2017.* Abgerufen am 07. März 2017 von https://de.statista.com/statistik/daten/studie/163720/umfrage/schatte nwirtschaft-in-der-oecd-2010/

Internationaler Währungsfonds . (01. April 2016f). *World Economic Outlook Database April 2016.* Abgerufen am 19. Januar 2017 von https://de.statista.com/statistik/daten/studie/167463/umfrage/staatsv erschuldung-von-griechenland-in-relation-zum-bruttoinlandsprodukt-bip/

Internationaler Währungsfonds. (Juli 2000). *Der IWF auf einen Blick.* Abgerufen am 26. 01 2017 von http://www.imf.org/external/np/exr/facts/deu/glanced.htm

Internationaler Währungsfonds. (05. März 2001). *Die Armutsbekämpfungs- und Wachstumsfazilität des IWF (PRGF).* Abgerufen am 05. 02 2017 von http://www.imf.org/external/np/exr/facts/deu/prgfd.htm

Internationaler Währungsfonds. (2007). *Jahresbericht 2006: Die Vorteile der Weltwirtschaft für alle sichern.*

Internationaler Währungsfonds. (09. Mai 2010). *IMF Survey: IMF Approves €30 Bln Loan for Greece on Fast Track.* Abgerufen am 08. Februar 2017 von https://www.imf.org/en/News/Articles/2015/09/28/04/53/sonew050 910a

Internationaler Währungsfonds. (2012). *Memorandum of Economic and Financial Policies.* Washington D.C.

Internationaler Währungsfonds. (2016a). *Preliminary Debt Sustainability Analysis-Updated Estimates and Further Considerations.* Washington DC: Country Report No. 16/130.

Internationaler Währungsfonds. (30. September 2016b). *Special Drawing Right SDR.* Abgerufen am 24. Januar 2017 von http://www.imf.org/external/np/exr/facts/sdr.htm

Internationaler Währungsfonds. (03. Oktober 2016c). *The IMF at a Glance.* Abgerufen am 17. Januar 2017 von http://www.imf.org/en/About/Factsheets/IMF-at-a-Glance

Internationaler Währungsfonds. (26. September 2016d). *IMF Quotas.* Abgerufen am 08. Februar 2017 von http://www.imf.org/About/Factsheets/Sheets/2016/07/14/12/21/IMF-Quotas?

Internationaler Währungsfonds. (01. April 2016e). *World Economic Outlook Database April 2016.* Abgerufen am 24. Januar 2017 von https://de.statista.com/statistik/daten/studie/167459/umfrage/staatsverschuldung-von-griechenland/

Internationaler Währungsfonds. (Februar 2017a). *IMF Members' Quotas and Voting Power, and IMF Board of Governors.* Abgerufen am 03. Februar 2017 von http://www.imf.org/external/np/sec/memdir/members.aspx#top

Internationaler Währungsfonds. (2017b). *2017 Article IV Consultation-Press Release; Staff Report; and Statement by the Executive Director for Greece.* Washington DC: Contry Report No. 17/40.

Karkatsoúlis, P. (2015). *Die Reform der griechischen Steuerverwaltung.* (U.-D. Klemm, & W. Schultheiß, Hrsg.) Frankfurt am Main: Campus Verlag.

Konicz, T. (04. Mai 2010). *Krisenmythos Griechenland.* Abgerufen am 27. Januar 2017 von http://www.heise.de/tp/artikel/32/32551/1.html

Konrad, K. &. (2010). *Schulden ohne Sühne.* München: C.H. Beck .

Kritikos, A. (23. November 2014). *Griechenland hat alle Möglichkeiten.* Abgerufen am 13. März 2017 von http://www.bpb.de/politik/wirtschaft/schuldenkrise/192987/griechenland-hat-alle-moeglichkeiten

Kruck, A. &. (2013). *Internationale Organisationen.* Wiesbaden: Springer.

L. Coats Jr, W. (1990). *Enhancing the attractiveness of the SDR.* World Development.

Landeszentrale für politische Bildung. (2012). *Ursache der Krise in Griechenland.* Abgerufen am 20. Februar 2017 von https://www.lpb-bw.de/ursachen_krise_griechenland.html#

Leibiger, J. (2011). *Bankrotteure bitten zur Kasse - Mythen und Realitäten der Staatsverschulsung.* Köln: PapyRossa.

Piper, N. (06. Juni 2013). *IWF entschuldigt sich ein bisschen bei Griechenland.* Abgerufen am 13. März 2017 von http://www.sueddeutsche.de/wirtschaft/krisenstrategie-iwf-entschuldigt-sich-ein-bisschen-bei-griechenland-1.1690444#redirectedFromLandingpage

Sachverständigenrat. (2010). *Chancen für einen stabilen Aufschwung - Jahresgutachten 2010/11.* Wiesbaden.

Sachverständigenrat. (2011). *Verantwortung für Europa wahrnehmen - Jahresbericht 2011/2012.* Wiesbaden.

Sandner, P., & Sommer, M. (1987). *IWF-Weltbank Entwicklungshilfe oder finanzpolitischer Knüppel für die Dritte Welt?* Stuttgart: Schmetterling Verlag.

Schrader, K. &.-F. (Januar 2017). *Schwer zu retten: Griechenland im Krisenmodus.* Abgerufen am 14. März 2017 von https://webcache.googleusercontent.com/search?q=cache:yleBQNHhHCYJ:https://www.ifw-kiel.de/think-tank/economic-policy-center/resolveUid/c192510eb8bebeffbd71a87a721c98cf+&cd=8&hl=de&ct=clnk&gl=de

Schuppan, N. (2011). *Globale Rezession - Ursachen, Zusammenhänge, Folgen.* Wiesmar: Callidus.

Schwab, K. (2012). *The Global Competitiveness Report 2012-2013.* (W. E. Forum, Hrsg.)

Spiegel Online. (01. Juli 2015a). *Griechenlands Rate an den IWF: Sie haben nicht gezahlt.* Abgerufen am 20. Februar 2017 von http://www.spiegel.de/wirtschaft/soziales/griechenland-zahlt-rate-an-den-iwf-nicht-zurueck-a-1041467.html

Spiegel Online. (16. Juli 2015b). *EU-Finanzminister billigen Brückenfinanzierung für Athen.* Abgerufen am 20. Februar 2017 von http://www.spiegel.de/wirtschaft/soziales/griechenland-euro-gruppe-beschliesst-brueckenfinanzierung-a-1044023.html

Spiegel Online. (20. Februar 2017a). *Griechenland könnte Kredittranche bald bekommen.* Abgerufen am 21. Februar 2017 von http://www.spiegel.de/wirtschaft/soziales/griechenland-etappenziel-bei-eurogruppe-im-hellas-reformstreit-a-1135495.html

Spiegel Online. (22. Februar 2017b). *Lagarde hält Schuldenschnitt vorläufig für unnötig.* Abgerufen am 28. Februar 2017 von http://www.spiegel.de/wirtschaft/soziales/griechenland-lagarde-haelt-schuldenschnitt-fuer-unnoetig-a-1135875.html

Spiegel Online. (Februar 2017c). *Finanzkrise in Griechenland - Alle Artikel und Hintergründe.* Abgerufen am 06. März 2017 von http://www.spiegel.de/thema/finanzkrise_in_griechenland/

Transparancy International ev. (25. Oktober 2010). *Corruption Perceptions Index 2010.* Abgerufen am 20. Februar 2017 von https://www.transparency.de/Corruption-Perceptions-Index-2.1742.0.html

Transparency International ev. (05. Dezember 2012). *Corruption Perceptions Index 2012.* Abgerufen am 21. Januar 2017 von https://www.transparency.de/Tabellarisches-Ranking.2197.0.html

Transparency International ev. (27. Januar 2016). *Corruption Perceptions Index 2015.* Abgerufen am 19. Januar 2017 von https://www.transparency.de/Tabellarisches-Ranking.2754.0.html

Volz, U. (2012). *Handbuch Internationale Organisationen - Theoretische Grundlagen und Akteure.* (K. &. Freistein, Hrsg.) München: Oldenbourg Verlag.

von Petersdorff-Campen, W. (07. Februar 2017). *IWF sieht Griechenlands Schulden als nicht tragbar an.* Abgerufen am 28. Februar 2017 von http://www.faz.net/aktuell/wirtschaft/eurokrise/griechenland/iwf-sieht-griechenland-schulden-als-nicht-tragbar-an-14863038.html

Wehr, A. (2010). *Griechenland, die Krise und der Euro.* Köln: PapyRossa Verlag.

Weisbecker, J. (1992). *Internationale Organisationen und Gremien im Bereich von Währung und Wirtschaft.* Frankfurt am Main: Sonderdruck Deutsche Bundesbank.

Wolff, E. (2014). *Weltmacht IWF - Chronik eines Raubzugs.* Marburg: Tectum Verlag.

Zeit Online. (28. April 2010). *EU-Kommission ruft Rating-Agenturen zur Verantwortung.* Abgerufen am 07. Februar 2017 von http://www.zeit.de/wirtschaft/2010-04/griechenland-rating-agentur